LA MADRE SUSTITUTA

Carlos Alonso

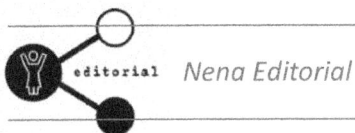

editorial *Nena Editorial*

Info: @NenaEditorial

Título en español:
La Madre Sustituta
Autor:
Carlos Alonso
Revisado y editado por:
Magdalena Tecles

© 2024
Nena Editorial soyinedito@gmx.com @NenaEditorial
Diseño de cubierta: Magdalena Tecles | Ángel Zavala

Previamente publicado por Parlamento de las Aves, México

ISBN: 9798986566931

LA MADRE SUSTITUTA

Carlos Alonso

A mi madre, por enviarme desde donde está, la gota de inspiración necesaria.

A Madahí, por aportar ese ojo clínico que todo soñador necesita.

A Liz, por contagiarme de nuevo ese amor por las letras.

A Alma, por ser el ángel terrenal que envió el Señor para que pudiera terminar esta obra.

A Lydia, por ser una de mis grandes porristas.

A José Ramón Guerrero, por ser el instrumento del Señor quién abrió la puerta en el momento adecuado.

A mi Nenita por apoyarme siempre con su amor, sus palabras y su creatividad para revisar mis palabras escritas.

Para ti, querido lector.

OTROS LIBROS DE CARLOS ALONSO

ÍNDICE

PRÓLOGO 15

INTRODUCCIÓN 19

LLAMANDO A MAMÁ 21

¿QUÉ FUE ESO? 35

UN DÍA "NORMAL" 44

SU CARÁCTER SERÁ SU PERDICIÓN 64

EL SOPLO 89

MI ÁNGEL GUARDIÁN.. 107

UN DESCUBRIMIENTO ESCALOFRIANTE 148

UN DESENLACE INESPERADO 166

EPÍLOGO 187

*No está muerto lo que puede yacer eternamente
y con el paso de los extraños eones,
incluso la Muerte puede morir.*
H.P. Lovecraft

PRÓLOGO

¿Qué evento puede resultar más desgarrador y doloroso en la vida que la pérdida de una madre? Despedirse de ese ser querido que nos ha acompañado desde los albores de nuestra existencia, que nos dio la vida, nos nutrió y llenó de amor en los primeros años de infancia, cuando éramos más tiernos y vulnerables.

Qué hondo abismo, qué terrible desasosiego hemos de sufrir cuando se nos arranca de las manos a ese ser amado y tengamos la certeza de que no habremos de volverlo a ver jamás… A menos, por supuesto, que, en el fondo de nuestros más íntimos anhelos, en los más ignotos recovecos de nuestro ser, cobre vida una madre sustituta. Una figura por momentos luminosa, por momentos terrible, que surgiera primero en forma de horrendas pesadillas para luego materializarse en un íncubo siniestro y fétido, dispuesto a aferrarse inextricablemente a nuestra tersa piel, dejando en ella huellas indelebles. Un ser cuyo propósito desconocemos, pero intuimos que, de alguna manera, sacudirá nuestra existencia de tal forma que nunca volveremos a ser los mismos.

El inventivo talento narrativo de Carlos Alonso nos sorprende con su poderosa sensibilidad y la imaginación que posee aquel que ya ha cruzado el misterioso umbral. Ese umbral que lleva al otro lado, a lo desconocido, a lo impalpable.

Los ojos de nuestro autor han atisbado el misterio y se han alimentado de él, de esa tenue luz que está más allá: esa visión angélica, ese oscuro presagio, que nos está vedado a la mayoría de los seres humanos o se nos reserva hasta la hora de nuestra muerte. Nutrido de ese asombro, de ese asomo a lo inefable, su pluma está poseída de una fuerza narrativa capaz de helarnos los nervios o ponernos la piel de gallina, pero, también, de despertar en nosotros una honda inquietud. Una inquietud que nos hace reflexionar y nos impele a tomar acción, que nos exige despertar a la vida con mayor lucidez y mayor vitalidad.

El destacado logro literario de esta escalofriante ópera prima le hizo merecedora del Premio Nacional Literario 2021 *Parlamento de las Aves*, un galardón más que merecido por las cualidades de la novela. Sus personajes son entrañables, su prosa temiblemente evocativa, y las digresiones narrativas están tejidas con la astucia de una laboriosa araña, que nos dejará atrapados y adheridos en sus siniestras páginas, a merced de esa madre sustituta, tan ansiada como temida.

Federico Cecchetti
Director de cine

INTRODUCCIÓN

¿Quién no desea mantenerse en contacto de alguna manera con sus seres queridos que se han adelantado en el camino? Y no se diga cuando de nuestra madre se trata. Estoy seguro de que cualquier oportunidad de hacerlo posible sería utilizada por cada uno de nosotros sin dudarlo. Pero cuidado cuando la emoción, y no el razonamiento, nos permite abrir esa puerta misteriosa hacia el mundo sobrenatural del cual sabemos muy poco.

Eso mismo le pasó a Julio, el protagonista de nuestra historia, quién, ante la necesidad de comunicarse con el ser que le dio la vida, abrió una de esas puertas sin medir las consecuencias, provocando con ello que algo muy diferente a su madre buscara por todos los medios acompañarlo en este plano físico. Eso mismo desatará una serie de eventos trágicos que cambiarán para siempre la vida no sólo de nuestro protagonista, sino también de su amada esposa Carolina.

Pero no nos adelantemos ni demos *spoilers*. Mejor iniciemos la lectura de estos hechos que pudieran sucederte a ti si no tienes cuidado con lo que deseas. Aunque, no te angusties, porque esto que leerás sólo es ficción, ¿verdad?

Carlos Alonso

CAPÍTULO I.
LLAMANDO A MAMÁ

Era una noche de domingo como cualquier otra. Julio recién había entrado a su cuarto y se preparaba para darse un baño con la intención de reducir un poco el cansancio que sentía, producto de la jornada extenuante que había tenido. Su estado de ánimo había mejorado mucho desde la muerte de su madre hacía algunos meses atrás y, aunque no estaba del todo recuperado, intentaba que todo volviera a la normalidad.

Carolina, su esposa, permanecía arreglando los últimos detalles en la cocina; ya sabes que esas tareas consumen más tiempo del que quisiéramos. Y, más aún, cuando ella combinaba sus actividades profesionales en línea con las propias de una ama de casa responsable.

Para Julio ese era un término de jornada dominical como de costumbre; él preparándose para darse una ducha mientras su esposa terminaba las labores domésticas para luego alcanzarlo una vez que éste hubiera terminado con su aseo personal. Hasta ahí todo iba bien, pero había algo que cambiaría completamente su rutina… y hasta su vida.

La costumbre de hablar con su madre por teléfono cada noche era parte importante en su cierre de día, pero ahora, que ella no estaba, trataba de adecuarse a esa nueva realidad cómo podía. Días atrás su mejor amigo, Jorge, le había aconsejado que cada vez que se sintiera triste por esta situación hiciera *una llamada* desde lo más profundo de su corazón dirigida a su madre e imaginara que platicaba con ella como lo hacía en el pasado; a fin de cuentas, todos preferimos pensar que alguien nos cuida *desde el más allá,* ¿no crees?

Aunque no se había decidido a hacerlo, esa noche sintió la necesidad de poner en práctica el consejo de su amigo; así que sin más ni más, se recostó boca arriba y cerró los ojos al tiempo que en su imaginación hacía esa llamada tan importante para él en ese momento. Por unos minutos imaginó estar conversando con su mamá y eso aminoró la soledad que sentía.

Sin embargo, los misterios de este mundo y, más aún, los del mundo espiritual son incomprensibles para nuestra mente humana y muchas veces incontrolables, principalmente cuando se trata de abrir un canal de comunicación con alguien que ya no reside en el plano terrenal. Pero eso no se lo habían advertido a Julio y nunca sospechó lo que estaba a punto de suceder.

Una vez que terminó la *llamada y* procedió a repasar los eventos de ese día sentado en la orilla de la cama, escuchó un sonido que provenía del clóset de su recámara. Era el sonido que se origina cada vez que abría uno de los cajones ubicados en el mueble para guardar la ropa. El problema es que ¡la puerta del vestidor estaba cerrada y la luz apagada!

Eso lo contrarió un poco, pero pensó que tal vez su esposa le estaba gastando una broma y que, en un descuido suyo, ella se habría escurrido sigilosamente hasta la recámara para luego entrar al vestidor, lo cual no era nada razonable considerando que la cocina no estaba al lado de su recámara. En esa idea estaba cuando escuchó el sonido de los trastes que estaban siendo acomodados en el escurridor.

—Amor ¿sigues en la cocina? —preguntó Julio e inmediatamente recibió una respuesta de su esposa.

—Así es, mi vida; pero no te apures que te alcanzo en unos minutos más.

En ese momento Julio sintió que un frío helado le recorrió la espalda y le erizó los vellos desde la base de la nuca hasta la parte baja de la espalda, algo que en alguna ocasión estoy seguro que te ha pasado y que te *ha helado la sangre.*

De inmediato se incorporó de la cama y se dirigió al vestidor. No es que fuera muy valiente, pero tenía que validar lo que había escuchado. «*Mmmmmm... tal vez sólo se trate del exceso de cansancio que tengo*», se dijo para sí mismo mientras se encaminaba a paso lento hacia el sitio donde había escuchado el ruido.

Encendió la luz y de forma cautelosa se dirigió de inmediato a presionar el apagador del vestidor (se trataba de un baño tradicional en cuanto a medidas, alrededor de 4 m² en el área del sanitario y la regadera, además de los 6 m² del área de vestidor), pero, para su sorpresa, no encontró nada fuera de lugar; no había ningún cajón abierto o algo que pudiera justificar el sonido que escuchó minutos atrás. Lo que sí le llamó la atención fue un aroma un poco desagradable, algo así como cuando pasas por uno de esos lugares donde sacrifican a los animales para consumo humano; pero no le prestó mayor importancia. «*Igual y podría ser que el perro de los vecinos ha matado a alguna paloma y la dejó en el balcón contiguo; no sería la primera vez que lo hace*», pensó.

Así que sin darle mayor importancia, aprovechó que ya estaba en el vestidor y comenzó a tomar su ropa interior y por supuesto, la ropa de dormir que tanto anhelaba portar. Acto seguido procedió a tomar una toalla y dirigió sus pasos a la regadera. Abrió la llave del agua caliente esperando que esa temperatura ayudara en su proceso de relajación y máxime después del sobresalto provocado por el sonido que había escuchado. Sin más preámbulos comenzó a desvestirse al tiempo que el vapor inundaba el espacio donde se encontraba.

Corrió la cortina de la regadera y se dispuso a disfrutar del baño que tanto deseaba. Dejó que el agua le cayera sobre la cabeza, mojando en su trayecto toda su espalda y el resto del cuerpo; todo estaba sucediendo como él lo había planeado. Pero en el preciso momento en que frotaba la esponja enjabonada sobre su pecho, sintió de nuevo ese escalofrío que había experimentado hacía ya algunos minutos atrás al mismo tiempo que detectó de nuevo ese aroma a podredumbre, pero con mayor intensidad.

Lo que más impactó a Julio fue ver algo como una sombra de forma irregular que se manifestaba del otro lado de la cortina de la regadera (se trataba de una cortina de color blanco en su mayoría, pero con algunas figuras marinas en color azul y celeste que hacían un contraste interesante), la cual comenzó a desplazarse con algo que se asemejaba a una mano desproporcionada. Fue en ese instante en que sin dudarlo corrió la cortina de un solo movimiento dejando al descubierto el resto del baño, pero no detectó absolutamente nada que pudiera justificar lo que acababa de experimentar.

Segundos después, y ya un poco más recuperado de la impresión, procedió a terminar su rutina de baño rápidamente y en pocos minutos ya estaba con su pijama puesta al tiempo que dirigía sus pasos hacia su cama. Estaba seguro de que lo ocurrido hacía algunos momentos no era otra cosa más que el resultado del cansancio acumulado por la semana tan pesada que había tenido, y con esa idea en la cabeza decidió no contarle nada a Carolina; a fin de cuentas, ella tenía una imaginación por demás creativa.

No habían transcurrido ni quince minutos cuando su esposa entró en la habitación y se sorprendió de ver a Julio sentado en la orilla de la cama y sumido en sus pensamientos, algo poco común considerando que su rutina del domingo consistía en ver el resumen deportivo del fin de semana o alguna otra cosa interesante que se hubiera encontrado en la plataforma de *streaming* que tenían contratada.

El gesto que tenía Julio en ese momento la inquietó aún más y máxime que éste ni se dio cuenta de cuando ella entró; fue necesario que Carolina lo sacara de su trance alzando la voz para llamar su atención.

—¿Estás bien, mi amor? —espetó Carolina con un poco de fuerza en sus palabras.

Julio tardó unos segundos en responder…

—Eh, claro, amor. Es sólo que estaba sumido en algunos pensamientos.

—Y, ¿hay alguno que quisieras compartir? —arremetió con suavidad su esposa.

—Ninguno mi cielo; es sólo que recordaba a mi madre —respondió sin verla a los ojos.

Esto alertó un poco a Carolina. Sin embargo pensó que se trataba de uno de esos lapsos de ausencia en que caía su esposo frecuentemente desde la pérdida de su madre. Así que prefirió darle su espacio en ese momento esperando que al día siguiente pudieran abordar el tema con más tranquilidad.

El resto del tiempo y hasta el momento de acostarse todo continuó sin ningún otro sobresalto, lo que tranquilizó un poco a Julio. Gracias a eso pudo conciliar el sueño pero con algunas dificultades provocadas por los recientes acontecimientos; sin embargo, su noche estaba muy lejos de ser tranquilizadora.

Pasó algo de tiempo antes de que lograra llegar a la etapa REM, (etapa en la que el cerebro se relaja y comienza el proceso de sueño; esto es, entre sesenta y noventa minutos después de que te has quedado dormido). Una vez que Julio llegó a esa etapa su pulso se aceleró y sus ojos se comenzaron a mover más de lo normal. Fue en ese momento que soñó que se encontraba en un paraje desconocido donde la tierra era árida, polvorienta y en la cual soplaba un viento tan fuerte que no le permitía enfocar muy bien la vista al *sentir* que los gránulos de tierra chocaban directamente con sus ojos. Con esa dificultad a cuestas logró percibir que unos metros más adelante se dibujaban unas manchas oscuras sobre lo que le pareció una pared rocosa similar a la de una montaña, por lo que dedujo que se trataba de cuevas o cavernas pero sin tener la certeza de ello debido a la imposibilidad que el viento y el polvo le presentaban. Aún con este impedimento, logró distinguir a la salida de una de esas *cavernas* una figura femenina que le pareció por demás familiar y que lo llamaba con su mano a la distancia. No estaba seguro pero esa figura se asemejaba mucho a su madre, así que haciendo un gran esfuerzo físico se fue acercando hacia esa *silueta* que le hacía señas incesantemente.

A medida que avanzaba, su corazón se aceleraba a gran velocidad emocionado por la oportunidad de volver a ver una vez más a la mujer que le había dado la vida; sin embargo, conforme la distancia se fue haciendo menor una sensación extraña fue recorriendo su cuerpo tanto dentro como fuera del sueño. A punto de llegar al encuentro de esa *mujer* algo instintivo lo hizo detenerse de inmediato. Lo que tenía frente a él a un par de metros era una figura efectivamente con rasgos femeninos pero que tenía una desproporción muy marcada en lo que alguna vez fue un rostro, tornándolo algo siniestro y bastante aterrador que se hacía acompañar de una *mirada* triste y oscura.

Esto congeló el corazón de Julio provocando que diera algunos pasos hacia atrás aterrado por esa *mujer* que había confundido con su madre. El espectro, al ver esto, emitió un sonido parecido a una *voz* y en la que él alcanzó a percibir la palabra ¡¡¡*hijo!!!*, lo cual terminó por aterrarlo completamente obligándolo a correr en dirección opuesta. En ese instante *la mujer* corrió hacía él y estirando un brazo excesivamente largo logró sujetarlo y lo frenó en seco. En ese momento Julio sintió que algo indescriptible tocaba su piel, una mezcla entre helado y quemante que confundió aún más a su atormentado cerebro y al darse la vuelta logró ver una *mano* excesivamente delgada que lo mantenía sujeto de la muñeca con una fuerza sobrehumana.

Su instinto de supervivencia provocó que comenzara a forcejear para lograr soltarse de esa abominación que continuaba llamándolo *hijo,* pero sus esfuerzos fueron infructuosos. Y mientras esa batalla se libraba dentro de la dimensión de los sueños, en la dimensión real Julio comenzaba a revolverse en su cama al tiempo que balbuceaba palabras de una manera frenética. Al sentir los movimientos de su esposo, Carolina despertó sobresaltada y de inmediato intentó despertarlo llamándolo con voz suave y tranquilizadora; pero, al ver que el resultado era nulo y percibiendo que algo estaba mal lo sacudió con toda su fuerza y dando un grito lo llamó con autoridad:

—¡Despierta, Juliooo!

En ese momento Julio sintió que una fuerza poderosa lo invadía y dando un jalón logró zafarse de esa figura fantasmal que lo tenía aprisionado. Al instante despertó de su sueño empapado en sudor y con una mirada desorbitada que asustó aún más a su esposa. Aún resonaban en su cerebro las últimas palabras de aquel grito…

—¡NUNCA TE ABANDONARÉ!

CAPÍTULO II
¿QUÉ FUE ESO?

Luego de despertar de la pesadilla y ya con la respiración más pausada, Julio decidió salir al pequeño balcón de su departamento (vivían en el 6° piso de un viejo edificio ubicado muy cerca de la zona centro de la ciudad), donde procedió a encender su cigarrillo electrónico para terminar de tranquilizarse. Este hábito de fumar lo acompañaba desde que era joven y se había recrudecido por el trabajo tan estresante que realizaba. Sin embargo, había decidido dejarlo una vez que el ginecólogo de Carolina les había explicado que la dificultad para embarazarse podría ser causada por el tabaquismo que ambos padecían, y ante el interés de lograr formar una familia decidieron emprender acciones determinantes.

Mientras que ella sí había logrado desprenderse de ese hábito, él prefirió llevarlo con calma y cambió a un dispositivo electrónico ya que le era muy difícil abstenerse de manera repentina del tabaco. A pesar de eso, reconocía que este mal hábito le ayudaba en mucho a controlar sus niveles de ansiedad y estrés que diariamente padecía.

Y, ¿cómo no padecer de estrés? Si formaba parte de un despacho contable muy reconocido en la ciudad, el cual tenía como ingrediente diario a esa palabra de seis letras; no sólo por el ritmo de trabajo que le imprimía su jefe y fundador de la empresa, sino que además se le sumaba la comunicación constante con sus clientes quienes a diario solicitaban su atención hasta para la más mínima tarea. Al final, como dice la frase: *el que paga tus cuentas controla tu vida,* ¿no crees?

Con todo, en esta ocasión, el cigarrillo no fue utilizado por un tema laboral sino por ese sueño que lo había aterrorizado hasta la médula y que lo mantuvo de pie en el balcón, aún con la espalda húmeda provocado por el trance que acababa de vivir. En esa postura repasaba una y otra vez las escenas horrendas que se agolpaban en su memoria mientras que en su cabeza resonaba la pregunta, *«¿Qué fue eso?»*. Por más que intentaba poner en orden sus ideas, no podía obtener una respuesta.

A los pocos minutos Carolina salió al balcón al darse cuenta de que Julio no regresaba y con el temor de que pudiera pasarle algo, decidió acompañarlo un momento. No se había atrevido a cuestionarlo una vez que logró despertarlo de su sueño porque, de una u otra manera, ella se sentía un poco culpable de la situación. Pensaba que lo había presionado mucho con el tema de la maternidad que tanto anhelaba además de la constante insistencia de mudarse a una casa convencional donde pudieran criar a su futuro bebé, como ella lo deseaba. Estaba totalmente equivocada ya que lo que acababa de sucederle a su marido nada tenía que ver con eso; todo lo contrario, la causa no era algún evento de este mundo sino que entraban en el tema de lo sobrenatural y eso marcaría para siempre su destino.

Así que acercándose a su esposo, lo tomó por la cintura colocando su cabeza en su espalda mientras que él seguía sumergido en sus pensamientos. El sentir su pijama tan humedecida por el sudor provocó que la preocupación aumentara, ya que nunca lo había visto de esa manera... y vaya que estaba acostumbrada a la agitación en sueños que frecuentemente él padecía, provocada por el estrés cotidiano o por esa gastritis crónica que padecía como resultado de la misma situación; y si además la combinaba con alguna cena pesada o con alcohol, este cuadro empeoraba considerablemente. Estaba segura de que lo que acababa de acontecer era algo más delicado aún.

En un momento Carolina logró salir de sus pensamientos y regresando a la realidad le preguntó a su esposo con un tono suave y tranquilizador:

—¿Cómo te encuentras, mi amor? —le preguntó dulcemente, tratando de disimular su preocupación.

Julio tardó unos segundos en responder, producto de que aún no terminaba de salir del trance. Esos segundos se le hicieron eternos a Carolina quien, al igual que su esposo, tenía demasiadas dudas que giraban dentro de su cabeza de manera vertiginosa.

—Un poco más tranquilo —respondió por fin mientras se daba la vuelta lentamente para encontrarse con el rostro de su esposa—. Creo que cené demasiado pesado en esta ocasión —dijo acompañando sus palabras con una sonrisa por demás forzada. No contaba con ese sexto sentido que normalmente tienen las mujeres y que en Carolina estaba por demás desarrollado. Tal vez por todos los años que tenían de conocerse.

—Sí, de seguro esa fue la causa de ese mal sueño —respondió Carolina procurando que él no se diera cuenta del verdadero sentimiento que tenía; un sentimiento que la inquietaba sobremanera y que, a la par, provocaba un escalofrío que subía y bajaba por su espalda sin entender el por qué.

—¿Te parece que regresemos a la cama? —le invitó al mismo tiempo que le plantaba un delicado beso en la boca, lo que puso de manifiesto un casi imperceptible temblor en el labio inferior de él.

—Adelántate tú, yo prefiero seguir tomando un poco de aire fresco mientras espero que mi digestión se normalice —respondió y, acto seguido, le dio un beso en la frente para de inmediato voltear de nuevo hacia el balcón con la firme intención de retomar sus pensamientos.

Carolina no comentó nada más, simplemente se dio la media vuelta y entró de nuevo a la habitación donde encontró la cama toda revuelta por lo sucedido minutos antes; acomodó un poco las sábanas y el cobertor que la cubría, en esa época del año las madrugadas eran muy frescas y preferían dormir con el ventanal del balcón abierto. Una vez concluida esa labor, se acomodó en su lugar acostumbrado y esperó pacientemente a su esposo hasta que el sueño la venció.

Mientras tanto, Julio continuó sumido en el vago recuerdo de su horrible pesadilla que poco a poco iba esfumándose pero no tan rápido como él lo hubiera deseado. En su cabeza resonaba la frase *«¡Nunca te abandonaré!»*, que alcanzó a distinguir hasta antes de poder despertar y al mismo tiempo se frotó la zona del brazo donde *el espectro* lo había tomado, pero sin percatarse aún de las marcas que comenzaban a aparecer en esa área en particular. No lograba entender a qué se referían esas palabras que le escuchó *decir* a esa figura fantasmagórica, pero por alguna extraña razón no lo aterrorizaba del todo sino que le daba una extraña sensación; algo así como una combinación entre seguridad pero al mismo tiempo un miedo indescriptible.

Sumido en esos pensamientos permaneció por un largo rato hasta que se dio cuenta de que ya eran cerca de las 2:30 de la madrugada; fue entonces que decidió regresar a la cama para tratar de dormir aunque fuera un par de horas más. Apagó su cigarrillo electrónico y entró de nuevo a la habitación con la firme intención de conciliar el sueño, por lo que se acomodó de nuevo en su lugar de la cama mientras que con delicadeza pasaba su brazo sobre el cuerpo de su amada. No cabía duda que ella era su refugio en los momentos más apremiantes de sus últimos años. De esa manera y sintiendo el calor de Carolina comenzó a quedarse dormido al tiempo que en la penumbra se dibujó una sombra femenina que acechaba desde la oscuridad de la noche. Indudablemente, *eso* cumpliría su palabra al pie de la letra.

CAPÍTULO III
UN DÍA "NORMAL"

La primera en despertar fue Carolina y procuró no hacer ruido a su esposo. No sería una loca idea el pensar que después del aterrador trance de apenas unas horas antes Julio preferiría quedarse a descansar y reportarse enfermo a la oficina. Por tanto se levantó en silencio, se calzó sus pantuflas y salió con mucho cuidado de la habitación para dirigir sus pasos, primero al baño de visitas para no molestarlo y posteriormente a la cocina donde se prepararía su café matutino... Eso sí, capuccino para lograr endulzar un poco esa rara mañana que aún la tenía bastante preocupada.

Ya en la cocina tomó la cafetera de nueva generación, de esas en que sólo colocas la cápsula con tu mezcla y tipo favorito de café, y la encendió colocando lo necesario en el dispositivo; mientras, su cerebro continuaba tratando de descifrar lo que su esposo había soñado y que lo alteró como nunca lo había visto. Pero, por más que lo intentaba, no podía darle forma a algún pensamiento razonable y eso la mantenía muy inquieta. Sabía que de alguna manera lo sucedido esa noche no necesariamente tenía una explicación lógica, aunado a que ese *frío helado* que recorría su espalda cada vez que lo recordaba no era originado por algo de este mundo.

Estaba tan sumida en sus pensamientos que no se percató de que Julio ya se había levantado y se encontraba de pie a su espalda sin hacer sonido alguno. Cabe aclarar que más que intentar hacerle una broma a su esposa era porque al despertar se había puesto en *modo ausente* de manera automática, tal vez provocado por la experiencia casi traumática que había experimentado. Carolina se dio el susto de su vida al girar y toparse con su marido de forma imprevista, provocando que emitiera un grito fortísimo que lo trajo de vuelta a la realidad.

Éste, apenado por la reacción de su esposa, dibujó en su rostro un gesto casi infantil que ayudó a aminorar el susto, dando paso a que ella lo abrazara de inmediato segura de que lo sucedido había sido provocado por eso mismo que la tenía preocupada. Así permanecieron abrazados unos minutos mientras ambos recuperaban lentamente el aliento y la *tranquilidad* que regularmente tenían. Una vez superado el trance, ella le dirigió sus primeras palabras de la mañana:

—¿Gustas un café? —se limitó a preguntar Carolina, al tiempo que lo dejó de abrazar pero manteniéndolo tomado de la mano.

—Claro, es lo que necesito en este momento para estar en condiciones de comenzar la jornada —respondió.

—¿Estás contemplando ir a trabajar el día de hoy? —inquirió su esposa con una leve esperanza de que él dijera que no.

—Por supuesto —respondió su esposo—. Tengo mucho trabajo pendiente en la oficina; ya sabes que es época de preparar las declaraciones anuales para el mes próximo y Héctor está de vacaciones, por lo que su trabajo me corresponde a mí.

Ella sabía de antemano su respuesta ya que si algo distinguía a Julio era el compromiso con su trabajo; lo había demostrado cuando su madre, que era tan importante para él, había fallecido y él en lugar de tomarse los días de licencia que por ley le corresponden, al día siguiente del funeral ya estaba en su oficina como de costumbre. Ciertamente era de esas personas que ante una situación dolorosa o complicada sólo saben entrar en *modo activo* con la intención de concentrarse en actividades que los ocupen y que no permitan dejar espacio para pensamientos que puedan reducirlos. Algunos podrían llamarle a este comportamiento cobardía, pero Carolina sabía respetar el ser y el hacer de Julio; no por nada llevaban tantos años juntos así que ese precio era el menor.

Antes de soltarle la mano a su esposo para servirle el café, se percató de unas raras marcas oscuras que rodeaban la muñeca de Julio y que no estaban presentes una noche antes; sin embargo y en un gesto de no generar alarma alguna, decidió callarlo para no incrementar sus preocupaciones, así que dejando de lado ese pensamiento por lo que acababa de detectar se limitó a responder:

—Muy bien, amor; pero si en algún momento decides que necesitas descansar sólo envíame un *What's* y yo te estaré esperando —respondió ella con un guiño de complicidad.

Julio sonrió ante la seductora oferta de su esposa y dándole algunos pequeños sorbos a su café continuó con los preparativos matutinos que eran religión como cada día de trabajo. Miró su reloj de pulso, ése mismo que le había heredado su papá hace ya más de diez años, y aceleró el proceso al ver que ya se le había hecho tarde, lo cual le molestaba sobremanera. Afortunadamente esa misma prisa había logrado distraerlo de los eventos ocurridos durante la madrugada y eso su mente y su corazón lo apreciaban. Ya habría tiempo más adelante para sacar algunas conclusiones de manera personal o platicando con Jorge, quien era no sólo su mejor amigo sino su confidente. Y, aunque eso sonara un poco egoísta al no contemplar el abordar el tema con Carolina, lo cierto era que entre menos la preocupara con estas cosas él estaría más tranquilo.

Así que terminando con prisa el resto del ritual se despidió de ella con un beso un poco acelerado que no supo a mucho, pero con la promesa de que si le era posible regresaría temprano ese día para descansar de tan mala noche que habían tenido. Obvio que eso significaba llegar no menos de las 7:00 p.m., que era lo que Julio conocía como *temprano*. Evidentemente, para su esposo, el trabajo significaba algo tan importante como su propia vida y ella lo había entendido hacía ya mucho tiempo. Tal vez esa situación era la que la mantenía un poco dudosa acerca de la búsqueda incesante de un bebé que completara su familia; imaginaba que con esa religiosidad hacia su trabajo, Julio no podría cumplir con la verdadera labor de padre y ella tendría que cargar con la mayor parte de la responsabilidad. Pero eso tendrían que platicarlo en una oportunidad posterior.

Una vez que su esposo cruzó el umbral de la puerta para salir casi corriendo del departamento, Carolina tomó su celular en búsqueda de un número telefónico que traía en la mente desde que se levantó. Se trataba del número de Xóchitl, una persona *trans* que había conocido hacía ya varios años por medio de una amiga y que se estaba dedicando a ciertas actividades *chamánicas*: curaba de susto, leía cartas, hacía *limpias* y otras tantas actividades alternativas con las que buscaba ayudar a las personas en todo lo relacionado con la energía y los planos extra-corpóreos.

Vaya que era muy buena en lo que hacía, prueba de ellos es que había una lista interminable de clientes que la buscaban incesantemente debido a sus buenos resultados. Eso era lo que en ese momento Carolina necesitaba, alguien que le pudiera dar *un poco de luz* sobre lo acontecido apenas unas horas antes. Estaba segura de que lo que Julio experimentó no era algo rutinario y mucho menos algo relacionado con la digestión, como lo quiso hacer pasar él; a eso habría que añadirle la aparición de esas raras marcas en la muñeca con las que había amanecido su esposo. Por ello, sin perder más tiempo, seleccionó el contacto de Xóchitl esperando tener suerte de encontrarla desocupada por tratarse de un horario aún *temprano* para ella.

El teléfono sonó varias veces pero no obtuvo respuesta, así que decidió enviarle un *WhatsApp* de audio donde le pedía encarecidamente que se reportara a la brevedad. No habían pasado ni cinco minutos cuando el teléfono de Carolina sonó y al ver la pantalla emitió un suspiro al darse cuenta de que Xóchitl le estaba regresando la llamada.

—¿Bueno? —alcanzó a decir Carolina sin poder disimular la emoción que esta llamada le provocaba.

—¿Aló? ¿Carolina? —respondió Xóchitl del otro lado de la línea—. ¿Cómo estás, reina? —apuntó de inmediato con una mezcla de acento entre español mexicano y colombiano (decía que hablaba de esa manera para impactar más a sus clientes), y antes de que su amiga pudiera responder, agregó.

—Me tienes mega preocupada con el mensaje que me acabas de dejar ¿pues qué pasó? —terminó de decir sin ocultar su inquietud.

De inmediato Carolina le contó lo que había sucedido durante la madrugada; claro, no sin antes agradecerle por la prontitud con la que se reportó. Le platicó con lujo de detalles lo ocurrido a su marido y lo que ella misma había sentido, haciendo hincapié en la casi nula información que él le había compartido. Platicó y platicó sin parar por unos minutos, ya que era lo que necesitaba en ese momento de tanta presión. Su interlocutora la dejó que se desahogara y, una vez que terminó de escuchar todo lo que tenía que decirle, guardó silencio por un momento. Eso hizo que el ambiente se hiciera un poco pesado; no era común que Xóchitl se quedara callada y mucho menos que hiciera una pausa, lo cual la inquietó aún más. Luego de un par de minutos, que para Carolina se le hicieron una eternidad, con una voz un tanto seria le respondió:

—Nena, creo que es necesario que nos veamos para ahondar más sobre este evento. Desafortunadamente tengo mi agenda súper llena esta semana; te pido que el lunes entrante te des una vuelta por mi casa para platicar *largo y tendido*. Eso sí, en caso de que en estos días suceda algo urgente, no dudes en llamarme o mandarme un mensaje de inmediato.

Carolina quedó perpleja, no sabía cómo interpretar lo que su amiga le acababa de decir y sólo logró articular unas palabras.

—Sí, claro. Yo te veo el lunes próximo —y, enseguida, colgó la llamada.

Fue en ese momento en que una avalancha de dudas y emociones la invadieron; se le hacía eterno el tiempo en que vería a su amiga considerando que apenas era inicio de semana y por otra parte, la actitud que percibió en ella no la tranquilizaba para nada. Pero, entendiendo que no había nada más que hacer, procedió a preparar otro café para distraer un poco a su inquieta mente que en ese momento estaba *a mil por hora*. Eso que apenas estaba por comenzar toda la serie de acontecimientos que cambiaría para siempre su vida y la de su familia, pero no nos apresuremos y continuemos con la lectura.

En otro punto de la ciudad, Julio manejaba con dirección a su oficina que estaba ubicada en una zona comercial bastante estratégica y hasta se podría decir que un poco exclusiva. Don Arnulfo de la Riva, quien era su jefe directo además de dueño y fundador del despacho, tenía ya muchos años con este negocio que era muy reconocido en las altas esferas comerciales de la localidad, y eso mismo significaba dos cosas: la necesidad de una ubicación estratégica y un alto volumen de operaciones para todo el personal del despacho.

Ese trabajo lo había conseguido desde sus últimos dos años de carrera, primero como practicante y ya una vez graduado, como empleado de la firma. Fue gracias a su compromiso y responsabilidad para con el negocio que don Arnulfo lo había ascendido en varias ocasiones hasta ubicarlo en una posición bastante cercana a él. Así como esto tenía algunos beneficios, tales como un sueldo por demás decoroso y una posición estratégica junto al dueño, también había que pagar un precio muy alto: convertirse en *esclavo* del despacho.

A esa hora de la mañana y debido al retraso ocasionado por lo sucedido durante la madrugada, el tráfico era muy denso lo cual no era para nada del agrado de Julio. Esa era una de las razones por la cual siempre prefería salir con mucha anticipación de su casa. Aún así que llevaba encendido el estéreo del coche e iba escuchando como todas las mañanas el noticiero matutino, la verdad es que su mente seguía teniendo breves flashazos de su pesadilla y eso lo mantenía ensimismado de una manera bastante peligrosa, ya que lo distraía constantemente de lo que sucedía alrededor. Eso mismo ocasionó que de una manera involuntaria invadiera con su coche el carril contiguo, y para su mala suerte le tocó cerrarle un poco el camino a un auto rojo deportivo de muy reciente modelo cuyo conductor manejaba de una manera bastante agresiva; tal vez porque iba retrasado a algún lugar, algo muy común en las grandes ciudades.

Casi de forma milagrosa el hombre logró esquivar el golpe y emparejando el coche con el suyo, comenzó a insultar desde la ventanilla de su vehículo recordándole hasta lo más sagrado, que era su madre, sin obtener una respuesta. Eso encendió más los ánimos de éste y de una manera por demás imprudente, colocó su auto por delante del de Julio deteniéndose de manera abrupta con la firme intención de frenar el avance de su *contrincante*. Una vez logrado su cometido y sin importarle en lo absoluto que su irresponsable acción estuviera causando un gran problema vial, abrió su puerta y se encaminó dando grandes zancadas hacia el auto de quien le había cerrado el paso, buscando liarse a golpes ante la más mínima provocación. Con esa idea en mente se acercó de manera amenazante a la ventanilla del conductor y continuó con los insultos mientras golpeaba con fuerza el cristal, de una manera casi salvaje.

Julio no alcanzaba a comprender lo que estaba sucediendo en ese momento, tal vez por la confusión que lo abordaba desde que salió de su casa, así que lo único que se le ocurrió hacer fue bajar un poco el vidrio para ofrecerle una sincera disculpa. Lo que aconteció después lo dejó sin palabras; el hombre que hervía de coraje al pie de su ventana cambió drásticamente de conducta y como por *arte de magia* pasó del enojo al terror con sólo mirar lo que parecía una sombra en el asiento trasero del coche y que *lo miraba* fijamente emulando un sentimiento de odio.

Sin mediar palabra alguna se dio la media vuelta y a paso veloz regresó a su automóvil reemprendiendo la marcha de forma acelerada, dejando atrás una estela de confusión vehicular además de más incógnitas en la mente de Julio. Fue en ese mismo instante que un olor nauseabundo parecido al de la noche anterior inundó por completo su auto, desconcertándolo aún más. Lo que no sabía es que ese olor lo acompañaba desde que salió de su casa y tal vez, y sólo tal vez, su sentido del olfato se estaba acostumbrando rápidamente a ese aroma de ultratumba.

Por lo que aún confundido con lo que acababa de acontecer, pero ya fuera del trance ocasionado por el percance, se ajustó su cinturón de seguridad y aceleró su coche con la firme intención de llegar lo más pronto posible a su trabajo, donde ya lo esperaban de manera impaciente; esto era palpable por las varias llamadas y mensajes que había estado recibiendo minutos antes. Así que, un poco fuera de su costumbre, ya que él era un conductor por demás cuidadoso que no acostumbraba rebasar los límites de velocidad ni utilizar el celular mientras conducía, tomó el carril de alta velocidad y emprendió el viaje. No obstante; no había avanzado ni tres kilómetros del lugar del altercado cuando se vio en la necesidad de bajar la velocidad y aplicar las luces intermitentes de su coche debido a un accidente que al parecer había sucedido algunos metros adelante. Aunque él no era de los tradicionales mirones que acostumbran entorpecer aún más el tráfico vehicular con motivo de saciar su morbo, sino que por el contrario prefería no distraerse con esos eventos donde no podía brindar alguna ayuda (esa conducta responsable la había aprendido de su difunto padre quien durante sus primeras lecciones de manejo le había recalcado la frase siguiente: *hijo, cuando veas un accidente y consideres que puedes ayudar, entonces marca tus intermitentes y toma acción; de lo contrario avanza porque como dice el refrán "mucho ayuda el que no estorba"*; una sabia lección que muchos deberíamos aplicar).

En esta ocasión, el consejo que le había dado su papá y que regía regularmente en su forma de conducir, tuvo que ser olvidado momentáneamente ya que al pasar frente al vehículo siniestrado se percató de que se trataba del mismo coche rojo deportivo con el que había tenido el conflicto apenas unos kilómetros atrás. El automóvil, de una manera por demás extraña, había quedado casi abrazando el señalamiento de bandera que se encontraba a un lado de la avenida, lo que provocó que por el impacto tan fuerte el conductor perdiera la vida de manera instantánea; eso lo deducía porque en ese momento los cuerpos de auxilio estaban cubriendo con una sábana blanca el cadáver de aquel hombre que sobresalía a través del cristal delantero del coche.

Si bien la escena lo impresionó, lo que pasó a continuación *le heló* por completo la sangre, ya que de una manera por demás misteriosa la sábana que cubría el cadáver se corrió un poco en ese preciso momento, mostrando el rostro de aquel hombre que *lo veía* con una mirada de terror que evidenciaba tal vez lo último que presenció en sus instantes finales de vida. Después de ese momento tétrico, la mirada de Julio barrió por completo el coche y entre la multitud y los fierros retorcidos le pareció distinguir una silueta oscura en el asiento trasero del vehículo siniestrado; una figura que estaba seguro había visto anteriormente, pero el recuerdo era difuso casi como salido de un sueño lejano… o tal vez de una pesadilla.

Aunque eso lo perturbó en el instante, optó por respirar hondo y profundo mientras hacía el compromiso consigo mismo de ya no perder más el tiempo, y menos con cosas absurdas que tal vez eran originadas por ese mal sueño que lo mantenía por demás distraído. Ahora que en relación con el accidente que acababa de presenciar, estaba seguro que había sido consecuencia de la manera tan irresponsable y violenta con la que manejaba el tipo; y con esa idea en la cabeza se le dibujó de manera inconsciente una leve sonrisa en su cara. *«¿Será acaso que era obra de la justicia divina?»* — pensó. Así que, sin dilatarse más, pisó el acelerador de nuevo y emprendió su recorrido a la oficina donde ya lo aguardaban con impaciencia.

CAPÍTULO IV
SU CARÁCTER SERÁ SU PERDICIÓN

Óscar no se caracterizaba por ser paciente, empático y tolerante sino todo lo contrario; desde muy pequeño su carácter explosivo lo involucró en grandes problemas y más porque su madre, Griselda, continuamente lo disculpaba por más embarazosa que hubiera sido la situación. El pequeño fue criado de una forma por demás consentida ya que era el único hijo del matrimonio que, por breve tiempo, formaron sus padres y que terminó con un escandaloso divorcio causado por la infidelidad de su progenitor. Esto trajo como consecuencia que su madre se hiciera cargo de la custodia y crianza del niño de manera completa. Esta situación lo afectó sobremanera ya que el abandono que vivió por parte de su padre lo marcó durante el resto de su vida, sembrando en él un estado de enojo natural que predomina cada vez que se le presentaba alguna situación crítica o estresante.

Durante su niñez era muy común encontrarlo en la dirección de su escuela esperando algún tipo de amonestación o castigo como consecuencia de un altercado con sus compañeros o incluso con sus profesores; esta situación le había ganado el apodo de *El Molo* en referencia a una bomba molotov, por su carácter tan explosivo. Sería ese mismo apodo el que lo acompañaría hasta el final de sus días.

En cierta ocasión su mamá lo llevó a pasar unos días de vacaciones a casa de su abuela Esthela, quien vivía sola hacía ya muchos años atrás en un pueblo muy pintoresco alejado de la ciudad y que había sido el hogar de Griselda desde su nacimiento y hasta que se mudó a la ciudad para estudiar su carrera universitaria. Fue en esa visita que los tres fueron invitados a la fiesta de cumpleaños del nieto de un vecino de la abuela que casualmente coincidía con la edad que en ese momento tenía Óscar. La expectativa generada en torno a los invitados provenientes de la ciudad fue grande, no solamente por la intención *sana* de querer saber un poco más sobre la historia del niño y de su madre, sino además para saciar el morbo entre la vecindad. Claro que a eso había que aderezarle un ingrediente que siempre sobra en ese tipo de comunidades; la molestia que causaba a los niños del pueblo la llegada de ese *niño citadino* del que habían escuchado sin cesar durante los últimos días. Ya con ese antecedente nada bueno podría salir de ese evento, pero es mejor que nos apeguemos a los hechos tal cual acontecieron, ¿te parece?

Una vez que la reducida familia de Óscar llegó al lugar de reunión y terminando el protocolo de presentación con todos los presentes, Doña Esthela y Griselda fueron invitadas a tomar asiento justo al lado de los anfitriones, mientras que al niño lo animaron a jugar con el festejado y con los demás niños y niñas de su edad. Desafortunadamente, desconocían los problemas de interacción social que el pequeño tenía de manera frecuente y que lo ubicaba en la categoría de lo impredecible. Pues con la intención de no herir susceptibilidades, su madre decidió darle un voto de confianza al pequeño Óscar, aunque dentro de ella la zozobra permanecía constante previendo que algo podría salir mal; y claro que no se equivocó como regularmente pasa con nuestras madres *que ya conocen lo que tienen.*

Todo comenzó con el tradicional juego de las escondidas, donde los niños buscan no estar ante la mirada vigilante de sus padres para hacer de la suyas y en esta ocasión no fue la excepción. Con la excusa de darle la bienvenida al *niño molestia* que venía de la ciudad, lo invitaron a jugar con ellos a fin de gastarle una broma de muy mal gusto, planeada desde el mismo momento en que supieron de su arribo al pueblo. El plan era encontrar la mejor oportunidad para empujarlo dentro de algún charco de agua y lodo, aprovechando que era temporada de lluvias y que la formación de éstos era común en el terreno; lo más importante era hacerlo de manera sutil para que todo pareciera *un accidente*…, algo muy perverso, pero muy común a esa edad. Lo único que buscaban era exhibirlo y con eso intimidarlo a fin de que no llamara más la atención; lo que no sabían era que estaban a punto de encender la mecha de una *bomba humana* que estaba llena de frustración y odio.

Todo ocurrió demasiado rápido ya que cuando el encargado de realizar la búsqueda comenzó el conteo, el grupo de niños y niñas corrió en estampida tratando de encontrar el mejor lugar para esconderse, y esa misma confusión la aprovecharon los maquiavélicos niños para ejecutar su plan. Sólo fue cuestión que rodearan a Óscar mientras iban corriendo y a la primera oportunidad que se les presentó, lo empujaron hacia uno de los charcos más grandes que había delante de ellos. El niño cayó de bruces sin poder ni siquiera meter las manos y terminó completamente cubierto de lodo. Sin duda, los niños lo habían planeado de manera por demás precisa; y, si a eso le agregamos que él nunca fue de tamaño pequeño de cuerpo sino todo lo contrario, pues el impacto fue aún mayor. Lo que no tenían contemplado sus agresores era la reacción que vendría de inmediato.

Como lo comenté al inicio del capítulo, Óscar era una persona colérica por todo lo que le había tocado vivir y en esta ocasión tuvo la muestra más agresiva y clara de ello. Tan pronto logró ponerse en pie, localizó de inmediato a quienes habían sido los autores materiales de lo sucedido; esto fue evidente con sólo contemplar el gesto en sus caras y las carcajadas desbordadas que emitían. Así pues, sin mediar palabra de por medio, se dirigió al niño que tenía más cerca y le propinó un golpe tan fuerte con su puño derecho que provocó que éste aterrizara de nalgas sobre un pequeño charco de agua, con la nariz sangrante y completamente confundido por lo que estaba sucediendo.

El Molo no se detuvo ahí, sino que uno por uno fue dando cuenta de cuanto niño había participado de la broma que le acababan de hacer y que lo había dejado en ridículo frente a los demás. En los minutos que siguieron fue repartiendo golpes certeros en cara o estómago de cada uno de sus *contrincantes* quienes fueron cayendo como *soldaditos de plomo*, algunos con sangre en la nariz o en la boca y los menos con un dolor de estómago que los mantuvo de rodillas. El problema mayor no fue ese sino la reacción de los padres de los niños golpeados, quienes al verlos regresar con una hemorragia visible a todas luces en nariz o boca y sin tener un razonamiento maduro, además de sentirse agraviados por ese pequeño *niño de ciudad*, se lanzaron en su búsqueda con la finalidad de darle un escarmiento por lo que acababa de suceder.

En lugar de encontrarse con un niño medroso se toparon con una fiera que seguía fuera de su jaula y los miraba con unos ojos llenos de cólera que a más de uno intimidó; eso provocó que pararan en seco sus pasos y de inmediato comenzaran los reclamos en voz alta, no sólo hacia su madre que venía a toda prisa detrás del grupo sino también hacia la abuela quien era su vecina desde hacía ya muchos años. Sobra decir que ante esa estampa y aunado a la escena de los niños con sangre en su rostro, la escena se tornó en algo dantesco donde predominaban los gritos, los llantos y los reclamos sin cesar hacia ambas mujeres.

Esto provocó que Doña Esthela se dirigiera hacia su nieto y sin mediar palabra lo tomó del brazo con una fuerza desmedida que provocó no sólo la sorpresa de Óscar, sino de todos los presentes quienes no daban crédito a esa acción por demás violenta que estaban presenciando de parte de una señora que conocían como alguien dulce y cariñosa. Con paso firme y sin mirar hacia atrás, recorrió toda la distancia que separaba la casa de sus vecinos de la suya llevando todo el tiempo asido del brazo a su nieto y sin siquiera ofrecer alguna disculpa por lo acontecido.

Griselda por el contrario, articuló algunas disculpas en un tono poco audible hacia los padres de los niños afectados y salió detrás de su madre y su hijo, quedándose solamente a unos cuantos pasos detrás de ellos con un gesto de desesperación y preocupación por lo que podría suceder una vez que se encontraran en la intimidad de la casa. Al mismo tiempo, a su cabeza acudían muchas de las escenas de su niñez y adolescencia donde ella misma era reprendida con lujo de violencia por su progenitora quien, argumentando que la vida era exigente y dura, tenía el deber de preparar a su hija para que pudiera con cualquier situación difícil que se le presentara. Esa postura rígida y a la vez extrema de Doña Esthela se debía a que Don Mario, su marido, la dejó viuda cuando Griselda apenas era una niña y ella tuvo que sacar adelante a su única hija mediante su trabajo como costurera. Por eso mismo, no tenía tiempo de nimiedades que la distrajeran del objetivo principal que era garantizar que dos mujeres solas pudieran salir adelante a cualquier precio. Sobra decir que debido a esa disciplina férrea con la que había sido criada, Griselda optó por seguir un camino totalmente opuesto con respecto a la educación de su hijo, donde la violencia de ningún tipo se asomaba siquiera en su relación con Óscar; algo que, desafortunadamente, no funcionaba del todo debido al carácter colérico que él tenía. Lamentablemente, ésta es una historia por demás común con la que podrías identificarte en forma personal o por alguna experiencia de alguien cercano, ¿verdad?

Doña Esthela atravesó rápidamente el pórtico de su casa y casi de un golpe abrió la puerta de la entrada ingresando de manera brusca en el recibidor y llevando al niño aún tomado del brazo, el cual seguía sin dar crédito a lo que estaba sucediendo; tal vez porque no estaba acostumbrado a que alguien lo sometiera de esa manera. No en balde la gente decía que Óscar se parecía mucho a su abuela, tal vez de ahí el carácter colérico que lo distinguía. Tristemente, lo que siguió a continuación terminó por predestinar lo que en años posteriores sucedería con su nieto.

Doña Esthela se detuvo de manera intempestiva en medio de la sala y dando un giro de ciento ochenta grados quedó de frente a él y viéndolo directamente a los ojos de una manera seria y con un gesto de verdadera preocupación le dijo:

—¡Si no aprendes a controlar ese carácter intempestivo que tienes, algo muy malo podría llegar a sucederte en algún momento de tu vida!—. Dirigiéndose a Griselda, al tiempo que soltaba al niño del brazo, le dijo en voz alta casi gritando —¡SU CARÁCTER SERÁ SU PERDICIÓN!

Estas últimas palabras calaron en lo más profundo del corazón de Griselda ya que sabía perfectamente que había mucha razón en ellas. De todos modos, por alguna extraña razón, no pudo o simplemente no quiso hacer algo al respecto para cambiar la historia de su hijo. Por el contrario, esas mismas palabras al niño le resultaron huecas y sin un significado; dentro de su cabeza sólo giraban ideas confusas mientras que en su corazón surgían sentimientos de repudio hacia aquella mujer que lo había exhibido ante los demás. Por supuesto las cartas de su destino estaban echadas.

Ese momento de su vida sólo sirvió para terminar de llevarlo por en un camino sin retorno de ira y de alejamiento familiar que lo marcó para siempre, ya que aunque su madre lo invitaba cada año a ver a su abuela, éste no volvió a pisar el pueblo y mucho menos esa casa ni cuando Doña Esthela partió al otro mundo.

Si las relaciones familiares no tuvieron un buen final qué podemos decir acerca de las afectivas o románticas, las cuales iban en el mismo sentido. Relaciones caracterizadas por un alto grado de toxicidad donde los celos, los insultos y las agresiones eran la constante y que lo fueron dejando en un mundo de soledad y frustración donde sólo su trabajo lograba darle esa paz que él disfrutaba.

En su empleo era todo diametralmente opuesto ya que si por un lado su carácter era bastante difícil y lo mantenía alejado de los demás; por el contrario, esa misma característica le dotó de una gran habilidad para negociar sin importar las condiciones y siempre logrando increíbles tratos en beneficio de la empresa. Eso mismo lo catapultó a ocupar muy buenos puestos directivos relacionados con el área de comercialización de la empresa donde laboraba. De esa manera le fue muy sencillo escalar posiciones sociales debido a sus altos ingresos, lo que terminó por convertirlo en un ser humano prepotente y abusivo que no se detenía ante nada ni ante nadie… Eso fue lo que desafortunadamente lo llevó al encuentro con Julio esa mañana donde tristemente perdería la vida.

Una noche anterior al fatídico día y sin siquiera sospechar lo que le acontecerá en menos de veinticuatro horas, Óscar acudió a un centro nocturno donde las chicas con muy poca ropa bailan, mientras que el público deja salir sus sentimientos más oscuros acompañados de bebidas embriagantes que dan vida a esos lugares. Sitios como ese era donde comúnmente se le podía encontrar a *El Molo* ya que ante la ausencia de verdaderos amigos, su posición económica le ayudaba a adquirir cuanta diversión y caricias pudiera pagar; esa noche no era la excepción y menos considerando que su última novia lo acababa de *botar* hacía apenas unas horas antes. Conociendo su temperamento sobra decir las causas de ese rompimiento anunciado. Hay que señalar que este último *truene* sí lo lastimó de verdad. Sería tal vez porque había sido la única mujer en atreverse a indagar un poco sobre su pasado para descifrar su estado colérico; pero como en su momento había sucedido con su madre, él representaba un problema mayúsculo que no cualquiera podía apoyar aunque el amor fuera mucho.

Con ese dolor punzándole el corazón, entró en el lugar y de inmediato se sumergió en cuanta copa de licor desfiló por su mesa. Poco a poco la embriaguez lo fue llevando lejos de ese sentimiento doloroso que *le acababan* de infringir y en ese estado pasó algunas horas más hasta que el lugar estaba por cerrar; fue el mismísimo gerente del lugar quien le ofreció apoyo para conseguir un taxi que lo llevara a su casa, eso sí, con mucho tiento de por medio ya que conocían de sobra sus arrebatos y prepotencia. Como en otras ocasiones, él desairó el ofrecimiento y dando algunos tumbos salió del lugar y tomó su vehículo enfilándolo hacia la zona de la ciudad donde se encontraba su departamento.

Es importante señalar que su misma soledad y su visita frecuente a los templos de Baco (dios griego del vino) lo habían dotado de una habilidad para manejar aún en condiciones de total embriaguez, donde otro ser humano promedio habría fracasado. Además de eso, su tiempo en esta tierra aún no se había cumplido y aunque él no lo sabía, todavía le quedaban algunas horas por delante por lo que el riesgo era mínimo. Así que, sin mayor contratiempo, llegó a la puerta de su casa que se ubicaba en una zona residencial bastante exclusiva, descendió de su auto deportivo color rojo y dando algunos tumbos ingresó al interior donde logró llegar con algo de dificultad a su cuarto y sin siquiera poder desvestirse, cayó con toda su humanidad sobre el colchón de la cama quedando profundamente dormido en cuestión de minutos.

Comúnmente a Óscar, al igual que muchas otras personas que tienen esa capacidad de irse de juerga una noche anterior y al día siguiente estar como nuevo, no se le dificultaba despertarse a tiempo para irse a trabajar y cumplir con su responsabilidad profesional de forma cabal pero en esta ocasión fue la excepción; tal vez porque el rompimiento con su ex lo había afectado más de la cuenta o porque por la edad iba disminuyendo esa capacidad de aguante que lo caracterizaba. El hecho fue que despertó mucho más tarde de lo que debía y como su tradición diaria lo ameritaba, saltó de la cama blasfemando a diestra y siniestra y culpando de su retraso a cuanta persona pudo recordar de la noche anterior; obvio que comenzando por su ex a quien en innumerables ocasiones le lanzó recordatorios maternales mientras se alistaba para salir a su trabajo. Tristemente así comenzó su último día sobre la faz de la tierra, aunque no había razón aparente por la cual en ese momento debía de cambiar esos hábitos negativos que lo habían acompañado desde que tenía memoria. Para él no existía ningún signo de agradecimiento o reconocimiento hacia nadie, era él y sólo él; aunque dudo que hubiera sido el mismo proceder si supiera lo que le avecinaba.

A toda prisa tomó las llaves de su coche que había dejado sobre la mesa de la entrada (menos mal que lo recordaba), y con su saco sobre el brazo izquierdo y su maletín con la laptop en su brazo derecho, recorrió en pocos segundos la distancia que había de la puerta de entrada hasta la cochera. Abrió la portezuela de su auto y lanzó sus cosas hacia el asiento trasero sin preocuparse si su laptop se dañaba, a fin de cuentas siempre contaba con un respaldo de su información en la nube corporativa y en el disco alterno que utilizaba a diario. En caso de que fuera necesario, podría comprar otro equipo ya que su posición económica se lo permitía. Acto seguido encendió el vehículo que al instante emitió un sonido grave y poderoso, como si una fiera hubiera despertado, para de inmediato salir de manera presurosa de su casa dando acelerones por toda la colonia hasta integrarse a la avenida principal que lo conduciría a su trabajo, el cual no estaba tan lejos de donde vivía; un beneficio más que le ofrecía su posición económica. Claro que con lo que no contaba era con el tráfico que a esa hora estaba en su punto más crítico del día y por lo cual la distancia hacia su destino la recorrería en el doble de tiempo, si bien le iba.

Eso no importaba para alguien que sólo piensa en sí mismo y que no repara en nadie más, así que sin mediar cortesía alguna se integró al caos vehicular de la avenida principal y comenzó a avanzar de forma acelerada por el carril de alta velocidad, no sin antes utilizar el claxon y el cambio de luces de forma constante para hacerse espacio dentro del mar de automóviles. Su misma forma de ser la reflejaba al momento de manejar su vehículo, donde los abusos y la agresividad hacia los otros conductores eran la constante. En más de una ocasión esa misma forma de conducir habían sido el pretexto perfecto para protagonizar algunas peleas callejeras donde sobra decir que él siempre salía bien librado, ya que por si fuera poco, a su carácter violento había que sumarle no sólo su corpulencia sino además una habilidad para tirar golpes, la cual había desarrollado al practicar artes marciales mixtas (las aprendió bajo el pretexto querer controlar su ira… algo así como darle un fósforo a un piromaniaco con la finalidad de calmar su ansiedad, ¿no?).

Entonces, mientras llenaba de insultos a cuanta persona se atravesaba en su camino y reducía la distancia hacia su oficina, le tocó la suerte (o el fatal destino) de encontrarse con el auto de Julio quien iba ensimismado en sus pensamientos y de manera intempestiva le cerró el paso sin pretenderlo. Esa situación terminó por hacer que Óscar estallara en cólera y fue lo que determinó lo que a continuación sucedería. Como posiblemente recordemos al remontarnos al capítulo anterior, éste comenzó a activar el claxon de su coche no sólo con la intención de llamar la atención del conductor imprudente que lo acababa de cerrar (no olvidemos que *lo que te choca te checa*), sino buscando de alguna manera una respuesta agresiva que justificara el uso de la violencia que tanto le agradaba. De todos modos, Julio hizo todo lo contrario y sólo movió su coche a un lado sin responder a ninguno de los insultos que recibía, lo que encendió más a Óscar ya que en su interior surgían y colisionaban varias emociones a la vez: la frustración, la impotencia, la sorpresa y por supuesto la contradicción a raíz de la reacción pasiva del otro conductor; todo esto dio pie a un cóctel catastrófico que decidiría de una vez por todas su destino.

Cegado por una ira desbordada y eludiendo cualquier razonamiento, Óscar colocó su coche por delante del de Julio y de una manera sumamente imprudente frenó intempestivamente logrando que todos los demás coches se detuvieran de improviso. Afortunadamente no ocurrió ningún percance que lamentar, ya que el resto de los conductores estaban más que alertas en ese momento una vez que habían sido testigos minutos antes de las acciones irresponsables que Óscar iba realizando. Éste sin pensar en consecuencia alguna, bajó de su auto y totalmente enfurecido se dirigió al otro coche con la clara intención de retar a golpes al conductor; sin embargo, mientras vociferaba y golpeaba el cristal de la puerta esperando alguna respuesta a sus acciones violentas, desvió su mirada hacia algo ubicado en la parte trasera del coche y que llamaba su atención. Lo que descubrió lo llenó de terror en un instante ya que se trataba de una sombra siniestra parecida a la figura de una mujer, la cual *lo miraba* fijamente provocando que la sangre se le helara por completo y llenándolo de un miedo indescriptible que nunca antes había sentido. Así, sin poder emitir algún sonido, se dio la media vuelta y casi tropezando regresó a su coche; lo encendió de inmediato y arrancó despavorido de la escena. Estaba seguro que *eso que lo había visto* con tanto odio desde el interior del otro coche era algo que no pertenecía a este mundo y no deseaba volver a encontrarlo en ningún otro momento de su vida, pero, desafortunadamente, eso era lo que menos sucedería.

En cuestión de minutos recorrió algunos kilómetros sin voltear la mirada hacia atrás, asegurándose de dejar *tierra de por medio* entre él y aquel siniestro espectro que lo llenó de pánico y que provocó que huyera de manera precipitada. No podía quitarse de la mente esa *mirada,* pero por más que trataba de distraerse poniendo un poco de música no podía lograrlo. Mientras más repasaba lo sucedido más contrariado se sentía ya que había algo en esa *mirada* que le resultaba familiar; un vacío y al mismo tiempo una oscuridad que en alguna parte había visto pero por más que trataba de recordar no conseguía ubicar. Así continúo su camino cuando de pronto comenzó a detectar un aroma nauseabundo que poco a poco comenzó a inundar el interior de su coche, pero pensando que se trataba de algún aroma del exterior que se había colado por la escotilla del aire acondicionado, procedió a bajar las ventanillas delanteras para que el aire de la mañana se llevara ese hedor insoportable. Aún con esta acción el fétido olor no sólo no desapareció sino que se volvió cada vez más fuerte lo que lo convenció de que el origen de esto era dentro de su mismo coche; en ese preciso momento una luz de recuerdo lo llevó a ubicar en donde más había visto una *mirada* como esa llena de tristeza, vacío, soledad y mezclado con mucha oscuridad.

Esa mirada era la misma que en muchas ocasiones había visto en su propio rostro mientras se veía al espejo; esto lo desconcertó aún más y tratando de validarlo posó la vista en el retrovisor sin jamás imaginarse lo que descubriría a continuación. Ahí, en la parte trasera de su vehículo, estaba el espectro que lo había llenado de pánico minutos antes y que lo continuaba viendo con esa *mirada familiar* llena de odio y que hacía juego con el resto de su macabra composición.

En ese momento sintió que el tiempo se detenía y de manera instintiva pisó el acelerador de su coche hasta el fondo, fue en ese momento que sintió que algo parecido a una larga mano apretaba su cuello asfixiándolo lentamente, mientras que en su rostro se dibujó un gesto de terror que lo acompañaría durante sus últimos segundos de vida y que le quedaría tatuado por siempre.

El desenlace de este pasaje ya lo sabemos, aunque no estamos seguros de que si al momento del choque con el señalamiento Óscar ya estaba muerto al verse asfixiado por la oscura presencia o su muerte se debió al tremendo impacto que tuvo al estrellarse a gran velocidad. Por consiguiente, te invito a sacar tus propias conclusiones y ya veremos si más adelante hay algo que nos arroje un poco de luz; mientras tanto, sigamos con el orden de los acontecimientos.

CAPÍTULO V
EL SOPLO

Isabel Medrano era una niña que desde su nacimiento se vio marcada por algo que minaba su condición física y que provenía de varias generaciones hacia atrás, afectando solamente a una mujer de cada generación; era una malformación en el corazón al que los médicos le dan el nombre de soplo cardíaco y que en su caso se trataba de una serie de orificios que generaban una comunicación anormal dentro de su músculo vital. Eso siempre la mantenía con ciertos cuidados que tenían como objetivo reducir el riesgo de algún accidente con consecuencias graves o hasta fatales. De alguna extraña manera, esa condición lograba al mismo tiempo desarrollar en quienes la padecían un despertar mental increíble que les permitía ser capaces de percibir las energías que navegaban entre el mundo de los vivos y los muertos. Debido a eso sus antepasadas fueron reconocidas desde tiempos inmemoriales como seres con la capacidad de comunicarse con el más allá a voluntad lo que provocaba que, para bien o para mal, un sinfín de personas de diversas regiones y estratos sociales requirieron de sus servicios para tener ese contacto con los seres que ya habían partido de este plano terrenal. Ese don era conocido entre su comunidad como *el soplo*.

Durante su infancia era común ver a la pequeña Isabel sentada en algún columpio del parque meciéndose alegremente mientras conversaba con *alguien*; mientras que para la mayoría de su comunidad esto era algo *normal* y más porque conocían la historia de su familia, para otros no lo era tanto; y así como existen *buenas vibras* también hay *malas vibras* en ambos planos de este misterioso universo. Por esa misma razón en la escuela era comúnmente señalada y *bulleada* por algunos de sus compañeros de clase e incluso uno que otro profesor o profesora se sentía intimidada por la posibilidad de que existieran diversas energías que interactúan con nosotros sin siquiera darnos cuenta; para ellos esa idea era una locura o hasta una herejía y preferían quedarse con lo conocido, algo muy tradicional en el ser humano.

De la misma forma en que algunas personas reaccionan de manera negativa ante esta verdad, también había energías *oscuras* en la otra dimensión que buscaban entrar en contacto frecuentemente con la pequeña niña, la cual se veía afectada cada vez que esto sucedía y no podía evitar el sentir miedo. Su madre, que conocía a la perfección la situación ya que ella también era portadora *del soplo*, le fue transmitiendo sus conocimientos al respecto para fortalecerla durante esos intentos de contacto con la intención de que poco a poco pudiera volverse inmune a esas fuerzas sobrenaturales que sólo buscaban hacer daño. Sobra decir que esa información fue por demás valiosa para Isabel ya que con ello logró disminuir el asedio de esas energías. Tanto avanzó la niña en ese sentido que logró desarrollar una alarma orgánica cada vez que una *fuerza oscura* estaba cerca, se trataba de un leve piquete a la altura del corazón el cual aumentaba en relación directa con la oscuridad del ente que intentaba entrar en contacto con ella. Ya con esa estrategia dominada pudo bloquear su sensibilidad cada vez que la alarma se encendía y eso le permitió al menos quitarse esa situación que en muchas ocasiones la aterraba.

Como todo don que el universo nos regala tiene sus beneficios también hay un precio que pagar y eso no cualquier persona está dispuesta a aceptarlo. Tal era su caso, ya que ella no estaba interesada en seguir los pasos de sus antecesoras y conforme fue creciendo se decidió cada vez más a ocuparse de los asuntos del mundo terrenal y no del etéreo que tantos problemas le había causado durante su vida; sin embargo y a pesar de ya no desear más ese *regalo,* al mismo tiempo no podía negar la inclinación que sentía de ayudar a las demás personas a través de su don. Su confusión prevaleció hasta el día en el que una maestra de la secundaria donde estudiaba realizó un convocatoria entre los padres de familia; en ella invitaba a todos aquellos progenitores que desempeñan alguna actividad de ayuda a la comunidad, a tomarse el tiempo para compartir con los alumnos una breve charla sobre lo que hacían y cómo impacta esto en la sociedad. Por obvias razones, Isabel no comentó nada en casa ya que no pretendía que su madre se presentara a dar una charla sobre sus experiencias paranormales, a pesar de toda la ayuda que ella brindaba a muchas personas de la comunidad; sobre todo desde que su abuela había partido de este plano dejando a su hija a cargo de toda esa ayuda *especial* que su don brindaba. No cabía duda de que ya estaba harta de aquel ambiente sumamente hosco que prevalecía alrededor de ella en la escuela, así que era mejor *no echar más leña al fuego.*

El día de la presentación acudieron al llamado un doctor y una enfermera del sector salud, un juez de distrito, un comandante de policía y hasta un barrendero. Todos compartieron la experiencia que vivían día a día en su actividad productiva así como lo que los motivó a tomar ese camino y por supuesto lo satisfechos que se sentían al ver cumplido su deber. Isabel escuchaba con atención cada uno de los testimonios, pero no fue sino hasta que el comandante de policía inició con su charla que ella sintió una extraña energía que recorrió su cuerpo y en ese preciso momento entendió que aquello que estaba escuchando sería lo que deseaba hacer por el resto de su vida; defender a las personas necesitadas y proteger a los indefensos ya que era algo que siempre la había apasionado, pero que de alguna manera no encontraba la manera de canalizarlo. Ahora bien, no sólo estaba pensando en ayudar a las personas de esta dimensión sino que recordaba lo que su abuela y su madre le habían dicho sobre los espectros que la atormentaban y que estaba segura de que en algún momento fueron seres humanos que cometieron algún acto atroz que provocó ese cambio en su energía; eso mismo era lo que los mantenía entre ambos mundos después de su muerte. Por ello nada mejor como tratar de evitar que eso sucediera ayudando a las personas en vida antes de que su energía o su alma se corrompieran por completo en un camino sin retorno.

Era claro que con la adolescencia la toma de decisiones es más complicada que de costumbre y eso lo fue descubriendo Isabel en ese preciso momento ya que mientras renegaba de su *don*, al mismo tiempo pensaba en cómo utilizarlo para lo que se avecinaba; lo que no sabía era que muy pronto tendría que tomar una difícil decisión que cambiaría su vida para siempre. Con esa confusión transcurrió el último año de secundaria y los dos de preparatoria siendo en ese periodo en el que comenzó a desarrollar ese sentido de la investigación que la acompañaría a partir de entonces y la convertiría con el tiempo en una persona muy valiosa en la corporación policiaca, pero no nos adelantemos a los hechos.

Sus primeros pasos los dio de manera aficionada al llevar a cabo la investigación que la condujo a descubrir la estrecha relación que había entre su condición física y ese don que poseía para navegar entre ambas dimensiones; además descubrió que las mujeres de su familia que lo poseían habían sido abandonadas por sus respectivos esposos con quienes habían procreado una sola hija. Toda esa información provocó que Isabel comenzara a renegar de nuevo de su destino inminente ya que ella soñaba con formar un hogar y tener no solamente un hijo sino varios y, al mismo tiempo, no le desagradaba para nada la opción de volverse una persona normal. Mientras todas esas ideas la atormentaban, ella mantenía en secreto no sólo su deseo de dedicarse a la labor policiaca renunciando con eso a *la tarea* que desempeñaban sus antecesoras sino también a la posibilidad latente de corregir su defecto físico.

Como dice el refrán, *no hay día que no se llegue, ni plazo que no se cumpla*, por fin llegó esa fecha donde le participó a su mamá su deseo de estudiar en la Academia de Policía, la cual se encontraba en la ciudad capital de su estado. Su madre escuchó con atención lo que su hija le compartía y aunque sus palabras la fueron entristeciendo paulatinamente conforme penetraban en sus oídos, lo cierto fue que el impacto aparentemente fue menor al que Isabel esperaba y eso la contrarió de sobremanera. Una vez que terminó de hablar, su madre le tomó sus manos y viéndola directamente a los ojos le dijo:

—Estoy muy orgullosa de ti y de en lo que te has convertido pero estoy completamente segura de que tu grandeza será aún mayor, hija mía. Admiro tu valor y coraje para cambiar un destino con el que naciste; sin embargo, no estoy muy segura de que renunciar a tu *don* sea la mejor opción para ti. Pero respeto tu decisión y te apoyaré cuanto sea necesario para que logres tus objetivos; nunca olvides que te amo.

Esas palabras tomaron a Isabel por sorpresa ya que nunca esperó esa respuesta llena de tanto amor por parte de su progenitora, y mucho menos que *de alguna manera* se hubiera enterado de sus intenciones ocultas. Al parecer estaba olvidando que también su madre poseía esa habilidad y que para el mundo etéreo los secretos humanos son como libros abiertos. Por lo que, sin decir palabra alguna, se refugió en los brazos de su madre y lloró desconsoladamente hasta que se quedó dormida en su regazo; ese fue el momento en que cambió su vida para siempre, aunque la verdad es que ese es un término absoluto que sólo El Universo podría asegurar.

Lo que pasó a partir de ese momento fue totalmente orientado a que Isabel lograra su cometido; eso incluyó el someterse a una intervención quirúrgica para corregir su condición cardiaca debido a la limitación física que esto le acarrea y que representaba un verdadero obstáculo para lo que ella perseguía. Ambas sabían del impacto que esta *reparación* tendría en su vida, ya que estaba renunciando a su *regalo*; por consiguiente, esa era una decisión que debía tomar sin mirar para atrás. De esa manera fue que se sometió al proceso quirúrgico, el cual no presentó muchas complicaciones; así que luego de un año de supervisión y acondicionamiento, se inscribió en la Academia de Policía donde fue aceptada sin ningún contratiempo. Si bien sus calificaciones y aptitudes de investigación hablaban por sí mismas, algo que también ayudó de sobremanera fue la gran recomendación que había hecho el Comandante de Policía de su comunidad, aquel que la había inspirado tanto con su charla. Lo que ella desconocía acerca de este apoyo era que no solamente se debía a lo honrado de tener a alguien del pueblo que siguiera sus pasos, sino además a la intención de regresar de alguna manera la ayuda que la mamá de Isabel le había brindado hacía algunos años atrás cuando perdió a su hijo de manera trágica en un accidente automovilístico. No cabe duda de que nuestra vida es parecida a una telaraña donde todo se conecta y nos acerca o aleja de nuestros objetivos, todo depende de si tenemos o no lazos sólidos que los apoyen. Sin darse cuenta Isabel, ese don del que renegó tanto fue un apoyo trascendental en ese momento de su vida.

Una vez que inició su formación en la Academia sus logros, avances y reconocimientos fueron la constante que la acompañó durante toda su carrera; su instinto deductivo y una comprensión completa sobre el entorno fue algo que daba de qué hablar a su favor entre sus profesores y formadores, pero no así entre sus compañeros de generación. No cabe duda que el brillo personal regularmente molesta a los que tienen una luz tenue o casi nula; sin embargo, eso no detenía o desviaba a Isabel de su objetivo, ya que estaba por demás acostumbrada a esa situación que la acompañaba desde su infancia y adolescencia.

Por ende continuó hasta graduarse con honores de la Academia, lo que provocó que fuera disputada por cada una de las áreas de especialización del cuerpo policíaco; sin embargo, ella ya había tomado una decisión: se iría por el lado de la investigación ya que sus habilidades y fortalezas enriquecían un perfil por demás adecuado para esa labor. Aunque la eliminación de su don la había vuelto una mujer normal, la verdad es que esa habilidad no desapareció del todo ya que dejó algunos rastros que lograron apuntalar sus talentos naturales. Me refiero puntualmente a esa alarma que ella había desarrollado al estar en presencia de algún espectro; el ya mencionado piquete que sentía en el corazón cada vez que eso sucedía y que le ayudaba a tener una visión más amplia en algunos casos en que fue participando, donde la explicación normal no cubría todas las aristas del caso. Eso mismo fue lo que la llevó a tener contacto con el *accidente* que sufrió *El Molo*.

Ese día del fatal evento, la detective Medrano iba circulando por la misma avenida cuando vio pasar a un lado de ella un auto deportivo rojo a alta velocidad que algunos metros más allá se estampó de frente con el señalamiento de bandera que estaba del lado izquierdo de la arteria vial. Como cualquier miembro de las fuerzas policíacas de inmediato se detuvo a prestar su ayuda al conductor del auto siniestrado pero ya nada pudo hacer por él ya que debido al gran impacto su muerte había sido instantánea… o al menos eso aparentaba ser. Sin embargo, al detenerse a algunos pasos del cuerpo de Óscar, sintió ese piquete inconfundible en el corazón que inmediatamente la puso en estado de alerta. Aunque no era común que los espectros causaran un daño físico a un mortal, sabía que se habían dado casos donde esa *regla* quedaba de lado cuando la energía negativa era muy fuerte y al parecer este accidente podría ser uno de ellos.

Fue en ese preciso momento cuando echó de menos su don que había tenido que sacrificar por su vocación y que le hubiera ayudado de sobremanera ya que le permitiría ver con exactitud con lo que se estaba enfrentando; pero eso sólo sería el principio del caudal de casos que vendrían después de ese momento y que pondrían a prueba sus talentos y habilidades presentes y tal vez futuros... uno nunca sabe. Luego de dar un suspiro de resignación procedió a apoyar en las labores de los cuerpos de auxilio quienes acababan de llegar, aunque sin bajar la guardia para tratar de detectar cualquier otra señal que le diera la certeza de lo que en su mente se estaba gestando. No pasó mucho tiempo para que esa señal se manifestará y la obtuvo en el preciso momento en que la sábana que cubría el cuerpo del difunto se corrió de una manera misteriosa, considerando que en ese momento no corría viento fuerte por la zona, hasta dejar visible el rostro de Óscar.

Esto no pasó desapercibido para Isabel y mucho menos cuando volvió a sentir el piquete con mayor intensidad en su corazón. Así que acto seguido y antes de volver a cubrir el cuerpo del occiso, procedió a dar una revisión rápida al cadáver y fue entonces que detectó unas extrañas marcas alrededor de su cuello, como si se tratara de enredaderas que lo rodeaban. ¿Sería que esas marcas eran la prueba de que esa era la verdadera causa de su muerte? Si así fuera, lo frustrante para ella serían las pruebas irrefutables del accidente y esto mismo evitaría que se iniciara una investigación; le quedaba claro que la única acción que respaldaría su teoría era la autopsia, lo cual era por demás improbable.

Para Isabel ésta era la primera vez que esto le sucedía ya que, como lo mencioné anteriormente, no era común que los espectros traspasaran la barrera del mundo físico y mucho menos para cometer algún asesinato. Bien que dentro de su mente se revolvía como nunca la idea de pedir apoyo a quien aún conservaba *el soplo*, pensó que tal vez estaba exagerando un poco así que tomó la decisión de no llamar a su madre, al menos en esta ocasión. A fin de cuentas, estaba segura que este era un evento por demás aislado y que solamente se podría tratar de una simple *coincidencia*, donde por alguna razón de cambio de clima su corazón había sentido ese piquete (recordemos que las viejas heridas e incluso hasta las cirugías suelen sensibilizarse ante cualquier cambio meteorológico). Con esa idea en su cabeza logró aquietar la marejada de pensamientos al tiempo que alejaba sus pasos del accidente encaminándose hacia su coche, pese a que un presentimiento impedía apagar del todo las alarmas. Luego descubriría lo importante que sería para su carrera interpretar esos presentimientos o voces internas que le permitirían detectar lo indetectable; pero aún no era el momento.

CAPÍTULO VI
MI ÁNGEL GUARDIÁN

Aún contrariado por el caudal de eventos que habían sucedido desde la madrugada, Julio llegó con un paso medio atropellado a su oficina donde ya su secretaria lo esperaba con una lista de pendientes con carácter de urgente; no cabe duda de que como lo comenté anteriormente, el precio de escalar puestos en la estructura organizacional de cualquier empresa conlleva entregar la totalidad de tu vida a las tareas requeridas. Eso lo entendía a la perfección y estaba dispuesto a seguir pagándolo con tal de proveer a su esposa y a su futura familia de las comodidades que a él le habían faltado; una penosa realidad que a muchos de nosotros nos suena familiar. En fin, si te parece bien volvamos a nuestra narrativa.

Una vez que se acomodó en su sillón ejecutivo procedió a darle un repaso rápido a cada uno de los pendientes que aparecían en la lista: la junta de los lunes, llamadas a algunos clientes importantes, revisión de los estados de resultados de algunas empresas y envío de *emails* a otras tantas personas. Por más que se empeñaba en procesar esa información, lo vivido en las últimas horas no se lo permitía, así que sin dudarlo tomó su celular y marcó a su amigo Jorge, quien era la persona más cercana que tenía desde los primeros semestres de su carrera y con quien había entablado una amistad por demás estrecha.

Jorge atendió a los pocos timbres del celular y con una voz alegre por escuchar a su amigo le dijo con ese acento español que lo caracterizaba:

—¿Qué onda, *wey*? ¿Ya estás listo para la *jugadita* de dominó del viernes? O ¿me vas a cancelar como otras tantas veces por temas del trabajo?

—Disculpa, pero no es precisamente por eso que te estoy llamando —respondió Julio con un tono por demás serio, lo que de inmediato alertó a su amigo. Jorge, tratando de bajar un poco la tensión inicial se fue por el lado gracioso que él dominaba a la perfección.

—Mmmmm… ¿Será que anoche no pudiste *hacer bien la tarea* con tu mujer?—. A diferencia de otras ocasiones en las que la estrategia daba buenos resultados, en esta ocasión Julio sólo se limitó a responder:

—¿Será que podamos comer o tomar un café en algún momento del día de hoy? —dijo sin hacer algún comentario sobre la broma de su amigo. Eso lo alertó aún más y sin dudarlo le respondió:

—Con gusto, *bro*. Si te parece nos podemos ver a eso de las dos de la tarde para comer juntos ¿qué tal si nos vemos en el restaurante de sushi que está cerca de tu trabajo? Ya ves que, además de tener un excelente sabor tienen esas mesitas en la terraza para platicar a gusto.

—Me parece muy buena tu idea, amigo. Ahí nos vemos entonces —respondió Julio para posteriormente colgar la llamada.

Esa acción le dio a Jorge la certeza de que algo realmente no marchaba bien; si a eso le añadía que su amigo le acababa de pedir que comieran apenas iniciando la semana, algo bastante inusual en él y más con el trabajo tan abrumador que tenía, pues no le quedó duda alguna de que algo malo estaba pasando. Así pues, sin alarmarse de más, prefirió esperar a la hora de la comida para que él mismo le contara lo que estaba sucediendo.

Un poco más tranquilo, Julio se aprestó a preparar el material para la junta del personal directivo del despacho; ésta se llevaba a cabo todos los lunes a las nueve de la mañana y en ella se daba una actualización del estatus de los expedientes de los clientes más importantes y el seguimiento a los nuevos prospectos. En dicha reunión participaban Don Arnulfo de la Riva, el dueño del despacho; el contralor general, un tipo llamado Luis Dávila que era el típico hombre con un perfil obsesivo-compulsivo ideal para ese puesto; Miguel Sabás quien era el encargado de los clientes corporativos, además de ser un tipo abusivo y prepotente que en más de una ocasión había sido reportado con Don Arnulfo por su forma tan irrespetuosa de tratar a los empleados. En cambio, nunca había sido aleccionado ya que presumía de ser pariente del dueño aunado a que era un elemento que daba resultados increíbles al despacho. Por último, pero no menos importante, estaba Julio quien se encargaba de los clientes más modestos y por esa misma razón era el objetivo frecuente de las burlas y malas pasadas de Miguel.

Ese lunes no fue la excepción; sin embargo, Miguel no tenía ni la menor idea de lo que estaba por ocurrirle y que traería consigo un giro de 180° en su vida a partir de ese día. Como él vivía siempre al límite, algo muy común en las personas que eran arrojadas no sólo en los negocios sino en cada faceta de su existencia, y, además, le aumentamos el éxito económico y social que había alcanzado, pues no era nada extraño que fuera por la vida haciendo y deshaciendo a placer. Esa misma inteligencia y arrojo le habían ayudado a desarrollar un instinto feroz para encontrar aquellos puntos débiles en sus oponentes, lo que le permitía llevarlos por el camino que él deseaba. Lo desafortunado es que mientras esa habilidad la utilizaba con sus clientes para lograr excelentes objetivos laborales y profesionales, en el resto de sus relaciones, incluyendo las laborales, las utilizaba para ser un verdadero *bulleador* para con sus compañeros ya que sabía dónde y cuándo tirar sus *dardos llenos de ponzoña,* los cuáles siempre iban cargados de comentarios que buscaban exhibir y lastimar a quienes fueran objeto de sus burlas.

Ahora bien, con respecto a la relación que llevaba con Julio, cabe destacar el temor que le tenía a éste debido a que día a día demostraba su gran capacidad y compromiso con su trabajo; eso lo convertía en un adversario muy serio que en cualquier momento le podría competir por su puesto, así que no podía dejar escapar cualquier oportunidad para propinarle *golpes bajos* que lo ayudaran a menguar su posible ascenso. Teniendo siempre eso en mente y aprovechando la reunión de este lunes, *se le lanzó directamente a la yugular* para dejar de manifiesto quién era *el rey de la selva.* Sacando ventaja de que su *oponente* llegó con un semblante ausente y cansado producto de todo lo que había acontecido en las horas recientes, le soltó a quemarropa:

—¿Tuviste una mala noche, Julio?

—Sí, anoche no pude descansar por más que lo intenté —le respondió Julio sin levantar la mirada pues seguía ocupado con algunos documentos que lo distraían de todo el caudal de pensamientos y sentimientos que cargaba en ese momento.

Eso le dio a Miguel la certeza de que lo tomaría con la guardia baja y fue cuando decidió atacar sin más miramientos con la siguiente frase:

—¿Será acaso que no pudiste completar el checklist de tus obligaciones maritales? Porque si mal no recuerdo aún no tienes hijos ¿verdad?

Ese sí que fue un verdadero golpe bajo que Julio no esperaba, aún a pesar de que en los últimos tiempos ya estaba acostumbrado a estar a la defensiva con Miguel. Lo cierto es que, con todo lo que le estaba sucediendo en ese momento la amenaza que éste representaba pasó a segundo plano, así que recibió el golpe de frente y no le quedó más que levantar la vista y lanzar una verdadera mirada de desprecio hacia su contrincante. Está claro que esas palabras le dolieron hasta lo más profundo de su ser ya que en su interior la ilusión de tener un bebé era inmensa y eso mismo fue lo que aprovechó su contrincante para dejarlo *al punto del knock out*. Aún así, en esta ocasión Don Arnulfo, quien acababa de arribar a la sala de juntas, salió en defensa de Julio y con un tono autoritario se dirigió a Miguel con las siguientes palabras:

—Por lo visto para ti la valía de un hombre se mide solamente por la cantidad de hijos que procrean, tal es tu caso ya que llevas varios oficiales y otros no tanto. Pero te aseguro que estás por demás equivocado. Para mí, la valía de un hombre se mide por el compromiso con su familia y su trabajo y eso es lo que caracteriza a Julio, convirtiéndolo en el mejor ejemplo de un hombre integral que seguirá creciendo en mi negocio.

Ante estas palabras, Miguel no tuvo más remedio que guardar silencio y agachar la mirada conteniendo su coraje y frustración al tiempo que comenzaba a idear la mejor manera de vengarse de Julio. Poniendo en marcha su maquiavélica mente se puso de pie empujando la silla donde estaba sentado al mismo tiempo en que se disculpaba por tener que retirarse un momento al sanitario. El resto de los presentes vieron con alegría disimulada este acto que demostraba que las palabras que pronunció Don Arnulfo le habían propinado a Miguel un golpe certero en su orgullo; esperaban que con esta acción correctiva su proceder fuera distinto a partir de ese momento, al menos dentro del despacho ya que estaban seguros de que seguiría siendo igual que como hasta hoy en sus otras facetas de su vida. Desde luego que en él se aplicaba al cien por ciento el famoso dicho que reza, *hay maderas que no agarran barniz.*

Sin perder un minuto más, salió de la sala de juntas y encaminó sus pasos al sanitario procurando que nadie se le atravesara en el camino ya que lo podría distraer del plan de venganza que estaba tomando forma en su cabeza. Abrió la puerta principal de acceso a los baños y procedió a entrar en uno de los cubículos que estaba desocupado. Claro que a esa hora de la mañana era común que no hubiera personal en esa área por ser lunes; además que todos los directivos estaban presentes en ese momento en el despacho por lo que los empleados se esmeraban en mostrar su cara más productiva, algo muy común en cualquier oficina de empresa.

Miguel procedió a bajar la tapa del sanitario para utilizarlo como asiento mientras aprovechaba el tiempo para afinar los últimos detalles del plan en contra de Julio; por su cabeza corría la idea de mandarle un arreglo anónimo donde lo felicitaba por su próximo rol de papá, lo que aparentemente era una gran mentira. Estaba seguro que eso le dolería hasta lo más profundo de su corazón logrando una venganza que aliviaría un poco la ofensa que acababa de recibir hacía apenas unos minutos antes. Lo que todos desconocían, incluyendo a Julio y Carolina, es que esa felicitación sería bastante precisa y gracias a un mini viaje que la pareja había realizado a unas cabañas alejadas de la ciudad hacía apenas unos fines de semana atrás. Eso se logró aparentemente porque al desconectarse por un breve tiempo de las obligaciones del despacho, Julio pudo entrar en armonía con su papel como esposo. Todo ese ambiente de relajación ayudó a que las cosas fluyeran de manera natural. No obstante, no es momento de develar aún este secreto que todos desconocen, así que no nos adelantemos y continuemos con el orden de los acontecimientos.

Miguel, sin perder un solo minuto más, procedió a buscar en su celular alguna aplicación o sitio *web* que le sirviera como cómplice involuntario en esta acción maquiavélica y cargada de venganza. Estaba seguro de que su plan tendría un desenlace tan espectacular que una sonrisa por demás socarrona comenzó a dibujarse en su rostro. Estaba tan ocupado en la búsqueda y regodeándose por su inminente éxito que no reparó en un olor fétido que comenzó a percibirse dentro del sanitario, el cual se fue intensificando hasta volverse por demás notorio. Eso logró por fin incomodarlo y lo primero que se le ocurrió fue que ese olor se debía a que el intendente, como en otras ocasiones, no había realizado bien la limpieza del área. *«Habrá que llamarle la atención de manera escandalosa y frente a todos, como se lo merece»*, se dijo para sí mismo mientras una sonrisa siniestra cubría su rostro. No olvidemos que demostrar su prepotencia era uno de los deportes que más le apasionaban. Estaba tan sumido en ese pensamiento cuando de pronto escuchó cómo la puerta del sanitario contiguo se abrió; fue entonces en que un sudor helado comenzó a deslizarse desde la base de su cráneo al mismo tiempo que todos los vellos de la parte central de su espalda se erizaban cual espinas de cactus, haciendo desaparecer esa sonrisa que minutos antes le daba una brillo maligno a su rostro.

Era tan confuso lo que estaba sintiendo en ese momento, que lo único que se le ocurrió hacer fue saludar a su *compañero de sanitario* con un buenos días que extrañamente sonó con eco ante la aparente ausencia física de alguien más. Por el contrario, la respuesta que Miguel esperaba jamás llegó y eso provocó que gradualmente fuera naciendo dentro de él un miedo indescriptible que jamás había sentido. Lo único que recordaba parecido a esa sensación era cuando salía con sus padres y el resto de su familia a algún rancho donde por las noches los mayores encendían una fogata y se sentaban alrededor de ella mientras platicaban sobre fantasmas y apariciones.

De todas formas eso había sido hacía ya muchos años atrás y él ya era un hombre *hecho y derecho* como para verse afectado, así que no le quedó más remedio que afrontar la situación y procedió a darle una solución inmediata. Sin pensarlo más, empujó la puerta de su cubículo de manera intempestiva y dando unos pasos rápidos se colocó frente al cubículo contiguo donde esperaba encontrar a alguien que tal vez estaba esperando gastarle una broma pesada así como él lo hacía frecuentemente. En cambio, su sorpresa fue mayúscula al constatar que ese lugar estaba totalmente vacío, lo que provocó de inmediato que el escalofrío de hace unos minutos volviera a hacer su aparición.

Eso lo contrarió sobremanera, siendo ese preciso momento de confusión en que volvió a escuchar un sonido parecido a cuando se golpea una pared con algo seco y fuerte, pero ahora hacia el área de regaderas que se encontraban al fondo (recordemos que el despacho contaba con mucho personal, así que los sanitarios no sólo tenían acabados de lujo *ad hoc* con el tipo de clientes que tenían, sino que también estaban muy acondicionados para cuando fuera necesario ducharse en caso de jornadas que se extendieran por varias horas o días). En ese momento ya no le quedó ninguna duda de que efectivamente el sonido anterior sí lo había escuchado en realidad y que no se trataba de alguna confusión provocada por la adrenalina generada por la venganza que estaba a punto de realizar. Lo que desafortunadamente Miguel desconocía era que esa mañana Julio venía acompañado por un ser que lo protegería ante cualquier posible daño, de la misma manera que una madre biológica… o una *madre sustituta.*

Olvidando su edad y sin preocuparse siquiera de lo que provocaba ese ruido, giró sobre sus pies con la firme intención de salir inmediatamente de ahí; sin embargo, eso era lo último que lograría ya que se topó de frente con una figura fantasmagórica que *lo observaba* con una furia que lo paralizó por completo. El espectro, en cuestión de segundos, rodeó el cuello de Miguel con algo parecido a una mano alargada sofocando el grito que estaba a punto de emitir. El terror que sintió en ese momento provocó que entrara en shock, precipitándose de lleno sobre el piso generando un ruido muy fuerte que no pasó desapercibido para quienes ocupaban los lugares cercanos a los sanitarios; éstos, al escuchar el golpe seco de inmediato corrieron a ver qué es lo que sucedía con quien minutos antes habían visto entrar. Indudablemente el destino es irónico ya que quienes acudieron en su ayuda fueron exactamente las mismas personas a las que él en múltiples ocasiones había ofendido de alguna manera. Es por eso que como dice el conocido refrán: *nadie sabe para quién trabaja.*

Los primeros en llegar de inmediato se acercaron a tratar de levantarlo pero se toparon con que su rostro tenía una mueca de horror que los dejó paralizados; sus ojos estaban desorbitados y su boca estaba de lado emitiendo algunos sonidos similares a pequeños chillidos. Toda esta situación causó un gran alboroto que de inmediato llegó a oídos de los asistentes a la junta, quienes al enterarse del percance de inmediato corrieron al área en cuestión mientras daban la orden de llamar a los cuerpos de ayuda para que acudieran a auxiliar a Miguel. El primero de los asistentes en llegar fue Julio quien con sólo entrar en el sanitario percibió el mismo aroma que había detectado en su coche apenas unas horas antes, más, lo que más le sorprendió no fue ver a su compañero tirado en el suelo emitiendo esos escalofriantes sonidos sino las marcas oscuras alrededor de su cuello. En ese momento una rara sensación de tranquilidad y agradecimiento lo invadió; parecía como que un *ángel guardián* lo estaba librando de todas las personas que intentaban lastimarlo y eso lo reconfortó de una manera bastante espeluznante.

No es necesario aclarar que a partir del *accidente* de Miguel la situación en el despacho fue una locura; los cuerpos de auxilio entrando y saliendo tratando de sacarlo de su trance; personal atravesándose con celular en mano tratando de obtener la mejor toma de lo ocurrido (tal vez como una forma de desahogar toda la frustración por las burlas de las que habían sido objeto por parte de él); grupos de personas que cuchicheaban entre sí sobre las posibles causas del acontecimiento (que si se trataba de una sobredosis o algo por el estilo, etc.). El único que no se inmutaba y estaba sentado tranquilamente en su lugar fue Julio; no podía dejar de sentir ese alivio por quitarse de encima a quien durante años se había ensañado con él. Al mismo tiempo recordaba los valores que su madre le había inculcado, y eran eso mismo lo que ocasionaban que su disfrute no fuera pleno. Así pasaron algunos minutos donde permaneció confundido por todos los pensamientos y sentimientos que lo invadían, hasta que la petición de Don Arnulfo para que lo acompañara al hospital a donde estaban trasladando a su pariente lo obligó a dejarlos de lado.

No tardaron mucho en llegar ya que se encontraba a menos de cinco kilómetros del despacho y donde en más de una ocasión habían tenido que llevar a algún otro empleado por algún tipo de dolor ocasionado por el estrés que el mismo trabajo les provocaba; tal vez sería por eso que Don Arnulfo tenía un convenio de atención médica firmado con esta institución de salud, previendo las consecuencias que podría acarrear una rutina tan exigente como la de su despacho; pero los resultados financieros y las utilidades lo justificaban todo. Una vez dentro del recinto, encaminaron sus pasos hacia el área de urgencias donde ya habían ingresado a Miguel; ahí lo atendían varias enfermeras así como el médico de guardia quien ordenó realizarle algunos estudios de emergencia solicitados por los especialistas que estaban en camino; la intención era descartar cualquier tipo de evento lamentable ya fuera cardíaco o cerebro-vascular.

Todo esto era observado por los dos hombres a la distancia, ya que el protocolo médico así lo exigía. Lo único que podían hacer en ese momento era sentarse en la sala contigua al área de urgencias y esperar pacientemente a las noticias que les pudiera dar el cuerpo médico que lo estaba atendiendo. De esta manera permanecieron a la expectativa por espacio de alrededor de tres horas hasta que el médico cardiólogo y el neurólogo salieron a dar su parte. El primero en hablar fue el cardiólogo quien descartó que se hubiera tratado de algún accidente del corazón y eso tranquilizó de sobremanera a Don Arnulfo, aunque la noticia que a continuación les dio el neurólogo lanzó por tierra sus esperanzas:

—Todo parece indicar que no existe algún accidente cerebrovascular ya que todos sus indicadores muestran un comportamiento bastante normal; lo cierto es que la única razón aparente para esta crisis es alguna experiencia sumamente traumática que afectó su raciocinio, provocando con ello que se desconectara de la realidad. Tendremos que dejarlo en terapia intermedia para continuar haciéndole otros estudios y en caso de ser necesario, deberá permanecer hospitalizado el tiempo que definamos una vez que contemos con los resultados completos —dijo el doctor al tiempo que Don Arnulfo se cubría el rostro dejando de manifiesto su preocupación; no olvidemos que él y Miguel tenían una relación familiar cercana.

Una vez que terminó de hablar, el doctor dio la media vuelta y regresó a continuar con el procedimiento para trasladar al paciente al área correspondiente.

Ante este panorama actualizado, ambos hombres se despidieron de la familia cercana de Miguel quienes habían arribado algunos minutos antes y estaban procesando la información que ellos también habían recibido de los especialistas. Don Arnulfo se quedó algunos minutos más con la mamá de su familiar, con quien tenía el lazo sanguíneo, mientras que Julio se adelantó un poco dando espacio para que su jefe tuviera un momento a solas con su pariente.

Fue en ese momento en que avanzaba hacia la salida cuando no pudo evitar soltar una pequeña carcajada que disimuló rápidamente con una tos fingida; lo menos que quería era que su patrón percibiera lo contento que estaba con lo sucedido. «*Digo, ¿en qué cabeza "normal" cabría un sentimiento de regocijo ante la desgracia de alguien más?*», pensó. Sin embargo; no podía dejar de disfrutar ese momento de *venganza divina* que le había permitido quitarse de encima a tan nefasta persona, al menos por un tiempo. Eso sí, lo que no deseaba es que perdiera la vida como había sucedido con su agresor del auto deportivo. Desde luego la dualidad de sentimientos y emociones en el ser humano puede ser demasiado peligrosa cuando no existe el balance adecuado; porque no olvidemos que una acción negativa, al igual que una granada, tiende a dañar no sólo el punto de impacto sino muchas áreas al derredor. Esto precisamente era lo que estaba ocurriendo con Julio, esa idea errónea del *ángel guardián* que lo protegía de sus agresores había despertado en él la oscuridad que todo ser humano tiene. El problema no era sólo ése sino que las personas a su alrededor también podían correr un peligro inminente, pero él aún no lo sabía.

Don Arnulfo lo alcanzó ya en el estacionamiento con la firme intención de regresar juntos al despacho. Está por demás mencionar que durante el trayecto de regreso, un silencio sepulcral invadió toda la atmósfera y ninguno se atrevía a romper ese estado; fue su jefe quien por fin lo rompió:

—No cabe duda que en muchas ocasiones el *karma* nos alcanza y creo que desafortunadamente eso le sucedió a Miguel. Aunque es mi familiar y conozco a la perfección su forma de ser tan abusiva —continúo diciendo—, me dolería mucho que algo grave le pasara;

deseo desde el fondo de mi corazón que esta situación sea solamente temporal.

Dicho esto, continúo sumido en sus pensamientos mientras que Julio se debatía en ese conflicto interior que lo llevaba de la luz a la sombra en cuestión de segundos. Afortunadamente, Don Arnulfo no sospechaba absolutamente nada sobre los pensamientos que él tenía en ese preciso momento ni las causas que habían provocado el accidente de su infortunado familiar. De ahí que el silencio volvió a ocupar el espacio entre los dos mientras continuaban el trayecto hasta llegar al despacho. Julio se detuvo frente al edificio buscando que su jefe se adelantara, mientras él estacionaba el coche en el aparcamiento subterráneo destinado para los ejecutivos y empleados del despacho. Don Arnulfo, antes de descender del vehículo, le comentó:

—Creo que durante el trayecto de regreso pisaste el cadáver de algún animal, de esos que atropellan pero que las autoridades sanitarias no recogen hasta que *explotan*. Te recomiendo que lleves tu auto a algún *carwash* para que le den una limpieza profunda.

Eso contrarió por demás a Julio quien no había detectado el olor al que se refería su jefe en ese momento ¿Sería que sin darse cuenta se había acostumbrado al fétido aroma de su *ángel guardián*?, como él lo comenzaba a llamar. De ahí sólo se limitó a responder con un movimiento afirmativo de su cabeza para enseguida reanudar la marcha rumbo a su cajón de estacionamiento asignado. Era ya pasada las una y treinta de la tarde cuando entró a su oficina y de inmediato recordó la cita que tenía con Jorge, la cual se había tornado urgente debido a los últimos acontecimientos. Por esta razón, sin más contratiempos, le avisó a su secretaria de su inminente salida a comer y aprovechando aún la confusión que prevalecía dentro del despacho por lo ocurrido a Miguel, bajó al estacionamiento de nuevo y subiendo a su coche lo encendió y salió a toda prisa al encuentro de su amigo.

En pocos minutos llegó al lugar de encuentro, ya que como recordarás, estaba a pocos kilómetros de distancia del despacho. Se trataba de un restaurante de *sushi* ubicado sobre una calle secundaria de la ciudad que además de tener a un excelente chef encargado de la preparación de los alimentos, proveía de un ambiente bastante cómodo que invitaba a pasar largos ratos de charla amena. Por esa misma razón era común verlo a su máxima capacidad después del horario de salida de muchas oficinas y no tanto a la hora de la comida; esto facilitó que los amigos no tuvieran algún retraso a causa de la alta demanda de mesas.

Cuando Julio entró al restaurante ya Jorge se encontraba ubicado en una mesa de la terraza del establecimiento y al verlo lo saludó a lo lejos de manera efusiva, algo poco común en él. De inmediato apresuró sus pasos para encontrarse con su amigo a quien lo abrazó con la misma efusividad, algo que sorprendió un poco a Jorge ya que Julio normalmente no se caracterizaba por ser tan emotivo. Lo que sí detectó al abrazar a su amigo fue una ansiedad parecida a la que muestran los niños cuando están a punto de abrir los regalos de Navidad que Santa les dejó bajo el árbol, así que lo invitó a sentarse para iniciar cuanto antes la plática, y de esa manera, ponerse al corriente con las novedades que Julio le iba a compartir.

Éste comenzó a *disparar* información *sin ton ni son* una vez que abrió la boca, lo que provocó que Jorge se viera en la necesidad de interrumpirlo cuando le fue imposible decodificar y ordenar todo lo que estaba escuchando de su amigo. Julio paró de repente al escuchar la petición y cayó en cuenta de que efectivamente los pensamientos y sentimientos los estaba manifestando de manera atropellada, así que tomando aire, inició de nuevo su relato con menos euforia, algo que su amigo agradeció. Inició mencionando lo referente a la pesadilla que había tenido y lo confundido que permaneció durante el recorrido hacia su trabajo; le participó que en ese lapso de tiempo tuvo una sensación rara entre una mezcla de miedo y tranquilidad, algo que tenía mucho de no sentir, concretamente desde antes de la *partida* de su madre. También le compartió lo del altercado que tuvo con el conductor de aquel auto deportivo rojo, el cual terminó estrellándose kilómetros más adelante perdiendo la vida instantáneamente; y, por último, narró lo sucedido hacía apenas unas horas con su compañero de oficina quien había sufrido ese accidente que lo tenía hospitalizado. Claro que este último caso extrañó aún más a Jorge, ya que estaba enterado de cuanta broma de mal gusto Miguel le había gastado a su amigo. Lo que más le sorprendió fue escucharlo decir las siguientes palabras:

—Aunque es probable que se pueda tratar de una coincidencia, no puedo dejar de pensar que realmente mi madre me ha enviado a algún *ángel* que me está cuidado de cierta manera, alejando a esas personas que estaban decididas a hacerme daño.

Jorge permaneció callado un momento mientras dejaba que sus ideas se acomodaran de la mejor manera; no era fácil emitir alguna opinión después de escuchar todo lo que su amigo le participó, y mucho menos ante la imposibilidad de comprender cómo un *ser celestial* podía hacerle daño a persona alguna, sin importar lo que ésta hubiera hecho. Eso iba en contra de todo cuanto creía tratándose de temas divinos. Por eso, luego de dar un suspiro profundo, comenzó a compartir con Julio sus conclusiones cuidando ante todo que sus palabras no lo fueran a lastimar de alguna manera.

—Mi querido amigo— le dijo con toda calma—, aunque me cuesta creer lo que me estás contando con respecto a ese *ser celestial* que mencionas, debo aceptar que en todos estos años que tengo de conocerte sé que serías incapaz de inventarte una historia como esa; sin embargo, esa teoría de que un *ángel vengador* enviado por tu mamá desde el más allá está protegiéndote, y es capaz hasta de lastimar a personas que buscan de alguna forma dañarte, no es algo en lo que estoy de acuerdo. Creo firmemente que las manifestaciones celestiales siempre van encaminadas a actos de amor a los que conocemos como *milagros*; por esa razón, estoy seguro que eso que te acompaña tiene más un origen oscuro que divino.

Apenas y Jorge terminó de pronunciar esa frase cuando ocurrió algo inexplicable; su silla fue *jalada* hacia atrás por una fuerza invisible, provocando que cayera de espaldas golpeándose en la cabeza con la esquina de la mesa ubicada atrás de él. Afortunadamente, éste alcanzó a dar un medio giro que evitó que se desnucara; sin embargo, no pudo evitar darse un tremendo golpe sobre el lado derecho de su rostro que lo dejó medio noqueado. Enseguida llegaron los meseros del restaurante quienes procedieron a levantarlo del suelo mientras el gerente llamaba a los paramédicos. Ante la confusión, Julio sólo se quedó petrificado observando todo lo ocurrido sin hacer algún intento por participar, aunque se tratara de su mejor amigo; tal vez porque en su mente resonaban las palabras que acababa de escuchar y que lo confundían aún más. Incluso llegó a repetirse que lo ocurrido hacía unos momentos sólo había sido originado por el descuido de su amigo y nada tenía que ver con su *ser celestial*. Con esa idea en la cabeza permaneció estático mientras que los meseros comentaban algo acerca de un olor muy desagradable en esa área. No hay duda que cuando uno no quiere abrir los ojos ante la realidad, nada se puede hacer al respecto, ¿no crees?

Una vez que Jorge logró incorporarse y aún un poco mareado por tan tremendo golpe, lo ubicaron en un sillón en el lobby del restaurante al tiempo que los paramédicos arribaron al lugar. Éstos de inmediato procedieron a hacerle las pruebas de rigor mientras revisaban el golpe que presentaba en el rostro, tratando de descartar alguna lesión de consideración. Para eso, le formularon algunas preguntas con lo que detectaron que aún estaba un poco confundido por el impacto, así que decidieron trasladarlo al hospital más cercano para su mejor valoración. Ante esta situación, Julio se aprestó a acompañar a su amigo al hospital pero éste se negó de manera rotunda; la verdad es que *la vio tan cerca* que no le quedó duda alguna de que lo dicho a su amigo hacía unos minutos tenía mucho de verdad, pero ante la actitud de negación de éste, prefería no tenerlo cerca. Claro que lo quería entrañablemente, pero no estaba dispuesto a arriesgar de nuevo su vida por ayudarlo.

Debido al golpe y tratando de evitar un daño mayor, los paramédicos le colocaron a Jorge un collarín, con el objetivo de disminuir el riesgo de que algún movimiento brusco lastimara aún más su condición;

luego procedieron a subirlo a una camilla. Mientras eso ocurría, Julio no se separaba de él pero insistía en que se había tratado de un accidente provocado tal vez por el suelo húmedo o alguna otra situación. Al escuchar esto, su amigo le tomó su mano izquierda con fuerza y antes de que lo subieran a la ambulancia, le dijo:

—Amigo, estaré orando para que logres ver la realidad de la situación que estás viviendo antes de que alguna cosa grave te suceda a ti, a Carolina o a alguien más que te encuentres en tu camino. No olvides mis palabras y ten presente que los seres celestiales no dañan a los seres humanos, sino todo lo contrario. Cuídate y cuida a tu esposa —terminó diciendo antes de que los paramédicos cerraran la puerta de la ambulancia tras de sí. Estas últimas palabras comenzaron a resonar con más fuerza en la mente de Julio; pero no era tiempo aún de que entrara en razón, no aún.

Así, sin reponerse de las tantas situaciones vividas en tan corto tiempo; se dirigió al estacionamiento del restaurante, subió a su coche e inició la marcha rumbo a la oficina donde aún encontró en el ambiente una buena cantidad de morbo por lo ocurrido a Miguel durante la mañana. Ahí permaneció hasta las seis de la tarde sin mayores sobresaltos, y aprovechando que Don Arnulfo se había retirado temprano para ir a ver en qué condiciones se encontraba su familiar, se dispuso a guardar sus pertenencias y salió con rumbo a su casa, no sin antes escuchar en el pasillo la queja de algunos empleados acerca de la presencia de un olor fétido que había aparecido ese mismo día; el cual ya habían reportado a mantenimiento del edificio y esperaban que los solucionaran lo más pronto posible. Lo que desconocían era el verdadero origen de ese aroma y del cual Julio era directamente responsable.

El trayecto a casa fue tranquilo y sin sobresaltos, en comparación con lo sucedido por la mañana. Lo normal en las grandes ciudades a la *hora pico* es el tráfico lento; rostros cansados dentro de los coches y uno que otro incidente vial que termina por volver aún más lento el recorrido. Para Julio, esa experiencia no era común ya que regularmente llegaba a su casa pasadas las nueve de la noche, pero, en esta ocasión, eso no lo inmutó; en su cabeza giraban frenéticamente todas las escenas de ese día, que no habían sido poca cosa, mientras que las palabras de Jorge aún retumbaban en su cerebro. «*¿Será que tiene algo de razón lo que me dijo?*», pensó. Por algún motivo desechaba esa idea que constantemente lo seguía abordando.

Luego de aproximadamente una hora Julio llegó a su casa; estacionó su coche y entró al elevador que lo llevaría al sexto piso, donde ya se encontraba Carolina esperándolo con los brazos abiertos. Su esposa lo recibió con una gran sonrisa tratando de disimular la preocupación que tenía desde la madrugada, producto de la horrible pesadilla que tuvo su esposo. Recordemos que Julio no le había compartido detalle alguno, pero ella estaba segura de que lo había afectado de alguna manera; a eso había que sumarle la extraña llamada con Xóchitl. Por si fuera poco, era necesario contemplar en el caudal de eventos todo lo ocurrido desde que Julio salió por la mañana y que mediante mensajes cortos le había dado a conocer. Iniciando con lo que le ocurrió a Miguel, así como *el accidente* que sufrió Jorge durante la comida; con todo, omitió el trágico evento del auto deportivo rojo, tal vez porque de alguna extraña manera se sentía responsable.

Ya en la calidez de su hogar y teniendo a su esposa a su lado mientras se disponía a cenar, Julio inició con el relato de lo ocurrido tratando de no pasar por alto detalle alguno para evitar alguna confusión. Inconscientemente, esperaba que ella le diera una señal que *avalara* la idea que él tenía acerca de su *ángel protector*. Sin embargo, esa señal nunca llegó sino todo lo contrario. La cara de Carolina comenzó a mostrar una preocupación no sólo por el estado de salud de ambas personas, sino, además, por la extraña forma en que habían ocurrido los hechos; así que eso terminó por *tirar al piso* la esperanza que tenía. Ya un poco desencantado siguió con la narración de los acontecimientos, pero por más que señalaba las palabras que le había dicho Don Arnulfo de que a Miguel se le había regresado su *karma*, su esposa no dejaba de mencionar que lo ocurrido era tristísimo y que no podía ni imaginar lo preocupada que podría estar la familia, con la zozobra de no saber lo que había ocasionado esa situación.

Fue en el preciso momento en que Carolina mencionaba lo injusto de la situación, cuando comenzó a detectar un aroma fétido que le pareció familiar, pero, por más intento que hizo no logró ubicarlo. Al consultárselo a Julio él simplemente dijo que no percibía nada desagradable. Esto la sorprendió sobremanera ya que el olor era fuerte y volvía el ambiente muy incómodo. A continuación, sin pensarlo dos veces, fue a la cocina y tomó el desodorante de ambiente rociándolo casi por completo en el lugar donde se encontraban. En ese instante recordó lo que acostumbraba hacer el perro de los vecinos con respecto a dejar palomas muertas en el balcón; en consecuencia encaminó sus pasos hacia el ventanal que daba hacia esa área en cuestión y fue en un instante en que se percató que el origen del olor no provenía del exterior; lo que lo provocaba se encontraba dentro de su departamento. Esto ocasionó que ella abriera sus ojos al máximo en una mezcla de asombro y miedo, al tiempo que un escalofrío recorría toda su espalda. Así, sorprendida por el descubrimiento, dio un giro de ciento ochenta grados esperando que su esposo ya hubiera detectado el aroma; para su sorpresa, él permanecía tranquilo tomando este té que lo ayudaría a relajarse antes de su acostumbrada ducha.

—¿Pasa algo, amor? —preguntó Julio de inmediato al ver una rara expresión en la cara de su esposa, una expresión que no podía descifrar.

—Ehh, no, nada —masculló en voz baja Carolina—. Creo que sólo fue un leve mareo por el giro tan rápido que di; igual y aún no me recupero del cansancio provocado por la desvelada que tuvimos —remató, tratando de evitar cualquier sospecha.

Al escuchar esto, Julio se levantó y se acercó a ella rodeándola con sus brazos mientras le susurró al oído con un dejo de complicidad:

—Vámonos a dormir de una buena vez; creo que hoy si podré hacerlo plácidamente porque de una forma extraña siento una energía que me tranquiliza mucho.

Me parece que no es necesario mencionar que luego de las palabras de Julio, Carolina casi no pudo *pegar el ojo* en toda la noche; no era posible que aún con todos los acontecimientos trágicos del día, su esposo estuviera tan tranquilo como si nada hubiera pasado; sino todo lo contrario, permaneció dormido como un bebé toda la noche, mientras el fétido aroma seguía presente en el ambiente por más que ella había gastado todo el bote de aromatizante, rociando toda el área antes de acostarse. Inequívocamente algo muy siniestro estaba pasando en su hogar, así que tomó la decisión de buscar de nuevo a Xóchitl a primera hora de la mañana en cuanto su esposo saliera rumbo al trabajo, pero, cuidando de no dar ninguna señal que levantara alguna sospecha sobre lo que iba a hacer.

CAPÍTULO VII
UN DESCUBRIMIENTO ESCALOFRIANTE

Así transcurrió la noche con una aparente calma, y a la mañana siguiente Carolina se levantó como de costumbre y comenzó su rutina diaria; eso sí, con unas ojeras por demás notorias. Entretanto, Julio se duchaba, preparó el café y algo ligero para que desayunara antes de salir con rumbo a la oficina; lo acompañó a la mesa y una vez que terminó sus alimentos, lo despidió en la puerta de su departamento no sin antes comentarle que iba a salir de compras con su prima Martha, quien le había llamado justo el día anterior. Esto no generó sospecha alguna en su esposo, sólo le pidió que estuvieran en contacto a través del *Whatsapp* ya que las llamadas sólo las utilizaban para cosas muy urgentes. Ella asintió con la cabeza para posteriormente sellar su despedida con un cálido beso. Julio salió del departamento mientras que Carolina encaminó sus pasos hacia el balcón para poder ver en cuanto el coche de su esposo abandonara el edificio. Una vez que esto sucedió, tomó su teléfono celular y marcó al número de Xóchitl. No sonó ni tres veces cuando del otro lado del aparato se escuchó la voz de su amiga que le preguntó:

—Hola, cariño, ¿estás bien? —como intuyendo que algo malo sucedía.

—La verdad es que no; han pasado cosas muy extrañas a partir de la pesadilla de Julio y necesito que me orientes lo más pronto posible ↓contestó Carolina.

—Sí, recuerdo lo que me comentaste ayer por la mañana y eso también me ha tenido un poco intranquila. Mmmmm, deja reviso mi agenda para ver si tengo un espacio hoy mismo.

—Te lo agradecería muchísimo porque creo que hay algo extraño en todo esto, algo que me eriza la piel pero no sé definir qué es. De hecho, ayer que regresó

Julio de su trabajo, un aroma fétido inundó el departamento y por más que rocié aromatizante el olor no desapareció en toda la noche.

En cuanto Carolina mencionó lo del aroma fétido, Xóchitl preguntó de inmediato:

—Ese aroma desagradable, ¿aún lo percibes en este momento?

Carolina agudizó su olfato y se dio cuenta de que efectivamente no había rastro de él.

—¡Qué extraño! Fíjate que ya no lo percibo.

Ante esa respuesta Xóchitl le dijo de manera apresurada:

—Necesito que en este preciso momento vengas a mi casa; cancelaré las primeras citas que tenía programadas porque es urgente que nos veamos. No tardes por favor.

Ya no hubo tiempo para más, ya que el tono que usó su amiga hizo que Carolina terminara por convencerse de que realmente algo grave estaba sucediendo. Sin perder más tiempo, se duchó rápidamente y se puso la primer ropa que encontró sin detenerse siquiera a arreglar su aspecto, algo bastante raro en una mujer que era por demás cuidadosa con su apariencia. Entendía que esto era una urgencia y no había lugar para distracciones. Manejó a un ritmo acelerado, pero guardando todas las precauciones posibles hasta llegar a la casa de su amiga que estaba ubicada al otro lado de la ciudad. Afortunadamente por la hora, el tráfico no estaba tan cargado ya que ella iba en sentido contrario al flujo matutino. Bajó de su coche y tocó el timbre de la entrada.

Xóchitl abrió la puerta y asomó la cabeza, pero antes de dejarla pasar volteó hacia ambos lados de la puerta como tratando de detectar si alguien o algo la había seguido; al darse cuenta de que no era así, tomó a

Carolina del brazo y la metió en forma apresurada a su casa. Una vez dentro, pareció como si se hubieran trasladado a un lugar místico donde los amuletos y el incienso estaban presentes en todo momento, los cuales se acompañaban de antiguos tapetes de la región sureste de donde era originaria Xóchitl; esto le daba al espacio un toque casi surrealista.

Sin ahondar mucho en la historia de este personaje, que espero poder contar en alguna mejor ocasión; considero de importancia el mencionar lo básico para que comprendas mejor el papel que desempeñará en nuestra historia, ¿te parece? Pues bien, el verdadero nombre de Xóchitl era Gerardo, el cual nació y creció en una comunidad del sureste de nuestro país donde el misticismo es tan común como los *perros negros*; es decir, abunda en cualquier rincón y máxime en los pueblos de la zona. Desde que tuvo conciencia suficiente, Gerardo se percató de que su alma, que tenía en su mayoría vidas femeninas, estaba en *el envase* incorrecto y esto lo llevó a tomar la personalidad de Xóchitl una vez que llegó a la ciudad. Desechemos de nuestra mente la idea de que su cambio de género lo llevó a cabo hasta que se mudó, debido al posible rechazo que tendría en su comunidad. Todo lo contrario; en la zona donde nació se respetaba y valoraba sobremanera el despertar del alma ya que se presupone que eso iba acompañado de una iluminación espiritual. Si el cambio lo decidió hacer al llegar a la ciudad, se debió principalmente a que quería renacer por completo; así de esa manera, Gerardo dio paso a Xóchitl.

Efectivamente, así como lo dictaba la tradición, ella poseía un don que le permitía tener contacto con el mundo etéreo de una manera directa, aprendiendo no solamente a entablar comunicación con los muertos sino además, poder intervenir en casos donde alguna presencia maligna acechaba al mundo de los vivos. Al parecer, éste era el caso de Carolina, pero aún estaban por descubrirlo.

—A ver, linda. ¡Cuéntamelo todo! —dijo Xóchitl mientras se sentaban en el sillón de la sala.

Carolina, un poco más tranquila por estar ya frente a su amiga procedió a contarle todo; inició por la pesadilla que su marido había tenido, así como la sensación que esa noche ella percibió. Le compartió lo poco que sabía sobre lo sucedido a Miguel, el compañero de trabajo de Julio; sin dejar de resaltar el tipo de persona que era éste y lo que se ensañaba con su esposo. También le comentó lo confundida que estaba por la tranquilidad, y hasta se podría decir el alivio, que había escuchado en la voz de su esposo cuando se lo contó. De igual manera, le relató lo que le pasó a Jorge, el mejor amigo de Julio, y de cómo él había rechazado la idea que le presentaba su marido acerca de su *ángel guardián* y cómo estas palabras coincidieron con el *accidente* que sufrió pocos segundos después, el cual pudo haber sido fatal para él; y remató la narración con lo sucedido apenas una noche anterior, donde detectó ese fétido aroma cuando Julio entró al departamento al tiempo que un frío escalofriante recorrió su espalda.

Xóchitl la escuchaba con atención sin dejar pasar ningún detalle y una vez que Carolina terminó su relato, lo cual constató al analizar su rostro que se mostraba menos rígido y con un notorio signo de desahogo, procedió a compartirle lo que ella detectaba y que la había puesto en alerta máxima una vez que tuvieron su llamada matutina. No había tiempo que perder al respecto, pero intentó no alarmar demasiado a su amiga ya que la presión que notaba en ella podía verse reflejado en su salud; y ahora más que nunca debía de cuidarse y prepararse para lo que venía… porque aún estaba por recibir una gran noticia que daría otro vuelco a su vida.

—Cariño —comenzó a decirle a Carolina viéndola directamente a los ojos, con la intención de transmitirle la seguridad y aplomo que la situación requería—. Desde la primera llamada que tuvimos no he dejado de pensar en cada una de las palabras que escuché de ti, pero, lo que me dio la certeza de que era necesario vernos de manera inmediata fue lo que comentaste acerca de ese aroma fétido que estaba presente en tu casa. Regularmente, cuando algo así acontece es debido a la presencia de alguna energía atrapada por mucho tiempo en este plano terrenal, aunque su lugar no esté aquí. En mi pueblo conocemos a este tipo de entidades como *kakasbal*, que significa cosa mala o espíritu maligno; este tipo de entes desafortunadamente abunda en nuestro mundo, porque se trata de la energía de personas que fallecieron, pero que, por algún motivo decidieron no avanzar en su camino. En ocasiones, por algún dolor del alma que los ató a este plano o porque simplemente se trataba de personas con almas oscuras que quedaron atrapadas; si bien, en la mayoría de los casos es imperceptible para el ser humano. Algunas personas que tienen una mayor sensibilidad a las cosas etéreas lo detectan a través de su columna vertebral; es por eso que cuando algo así está presente tienden a percibir un frío extraño en esa región del cuerpo, así como sucede en tu caso. Lo que me parece extraño y a la vez un poco preocupante —continuó—, es que ese espectro haya logrado intervenir en asuntos físicos ya que regularmente eso es muy poco común. Para que eso suceda, es necesario que se establezca un poderoso vínculo energético entre el ente y su portador; por lo que me platicas, eso es lo que está pasando con tu esposo. Según recuerdo, hace algunos meses que la mamá de Julio dejó este mundo ¿verdad?

—Así es, amiga. Mi suegra falleció hace menos de un año —contestó Carolina.

—Y, ¿cómo era la relación entre ella y tu esposo?

—Eran muy unidos; de hecho a raíz de la partida de su mamá, Julio se refugió mucho más en su trabajo y ha descuidado un poco nuestra relación. Pero yo lo entiendo y trato de apoyarlo al máximo.

—Haces bien, corazón, al comprenderlo. También debes estar consciente de que las cosas de los vivos no deben ser desplazadas por las cosas de los muertos, y menos cuando una nueva vida necesitará de esa energía de conducción para salir adelante; no un padre ausente como suele suceder.

Esas palabras que acababa de decir Xóchitl provocaron que Carolina abriera al máximo sus ojos. ¿Sería acaso que su amiga le estaba confirmando lo del embarazo que tanto estaba esperando? Y, si era así, ¿cómo podría estar segura de eso? Así que no se quedó con la duda y sin contener la emoción le preguntó:

—Amiga ¿me estás diciendo que por fin estoy embarazada? —dijo sin poder ocultar su emoción.

—Así es; estimo que tienes pocas semanas. Ya percibo una energía adicional dentro de ti, ¿no lo habías notado? —inquirió Xóchitl.

—La verdad es que sí me he sentido más cansada de lo normal, desde hace tal vez una semana; sin embargo, se lo atribuía a ese viaje corto que hicimos Julio por lo que no le había puesto tanta atención. Menos en este inicio de semana donde las cosas se han puesto *patas para arriba*.

—Pues bien, con mayor razón es necesario ponerle fin a esta intervención que están teniendo de parte del *kakasbal,* ya que puede ser muy peligroso para todos; y más aún, con lo que me compartiste de lo ocurrido a quienes de alguna manera han lastimado o han estado en contra de tu esposo. No me cabe la menor duda de que el lazo que él ha establecido con el espectro es demasiado fuerte como para provocar que haya consecuencias en nuestro mundo físico, así que debes poner manos a la obra de inmediato. Ahora bien, lo difícil de esta situación es que el *portador* debe renunciar por completo a este vínculo energético, ya que de otra manera éste permanecerá hasta que él muera. Si bien, no creo necesario ser tan fatalista, así que, una vez teniendo la seguridad de que Julio esté dispuesto a romperlo, yo podré intervenir mediante un ritual ancestral que me permitirá deshacer el enlace entre los dos.

Ante esas palabras tan categóricas de parte de Xóchitl y aunado al impulso que le daba el saber que estaban embarazados, procedió a contestar de inmediato:

—¡Tenlo por seguro que así lo haré! ↓dijo de manera decidida—. Hemos luchado tanto por este embarazo, que estoy totalmente convencida de que Julio tomará la mejor decisión para terminar con esta situación; y así, poder enfocarnos en esta nueva vida que llenará de alegría y bendiciones a nuestro hogar.

Una vez que terminó la frase, Xóchitl la abrazó de una manera tan cálida que Carolina se sintió protegida y renovada como pocas veces; ciertamente llegaría hasta las últimas consecuencias para lograr romper ese siniestro lazo que no sólo había transformado sus vidas para mal, sino que además había provocado desgracias en personas cercanas. En cuanto a Julio, estaba convencida de que no sería problema y mucho menos con la noticia que le iba a dar sobre el bebé que estaban esperando. Con la energía a tope, se despidió de su amiga no sin antes intentar liquidar sus cuentas por el servicio prestado; ante ese intento, Xóchitl se negó de manera rotunda. Para ella, en esta ocasión su labor era altruista y el mejor pago era ver a su amiga segura y tranquila.

Carolina salió con el semblante radiante de ahí y condujo de nueva cuenta hacia su casa, no sin antes llegar a un restaurante a tomar los primeros alimentos de la mañana; ante la prisa por ver a su amiga no había tenido tiempo de ingerir comida alguna. Pese a todo, ahora más que nunca debía cuidar sus hábitos alimenticios y tomar las mejores decisiones en pro de esa criaturita que estaba creciendo dentro suyo. Pensando en eso estacionó su coche afuera de un restaurante que encontró a su paso para proceder a desayunar *como Dios manda*. Ya acomodada en una silla, le envió a Julio un mensaje de audio solicitando que no demorara mucho en llegar a casa porque necesitaba darle una importante noticia; para eso prepararía una cena especial para los dos.

En ese momento, Julio estaba en su oficina atendiendo algunos pendientes que quedaron postergados el día anterior por lo acontecido con Miguel; quien dicho sea de paso, estaba evolucionando favorablemente en el hospital de acuerdo a la información que Don Arnulfo compartió con todo el personal en la primera hora de esa jornada laboral. Además, se dio la oportunidad de intercambiar mensajes con Jorge para validar cómo se encontraba después del *accidente* y se alegró cuando lo escuchó más animado y bastante recuperado; eso sí, con un moretón que le valdría la burla de sus compañeros de oficina quienes no dejarían de decir que su esposa lo había dejado así. Ambas noticias lo tranquilizaron ya que como se comentó anteriormente, una cosa era la necesidad de terminar con las constantes burlas de Miguel hacia él y otra muy diferente era desear que sufriera algún daño; por otra parte, jamás desearía lastimar a su mejor amigo. Obviamente sus padres habían hecho un buen trabajo, inculcando el valor de la vida por sobre todas las cosas, pero, ¿sería que esa nueva actitud facilitaría el proceso de rompimiento del vínculo con el espectro? Habrá que seguir leyendo para descubrirlo.

Al recibir el mensaje de voz de Carolina, detectó una emoción que tenía mucho tiempo de no percibir en ella. De hecho, se tuvo que remontar al día de su boda cuando intercambiaron mensajes hablados a primera hora de la mañana de esa imborrable fecha, en la cual ambos estaban emocionados *hasta los huesos,* aunque se le notaba más a ella; creo que porque la mayoría de las mujeres son más expresivas que los hombres. Estaba seguro de que lo que le diría su mujer sería algo que cambiaría su vida para siempre; máxime cuando le comentó que iba a preparar una cena especial para tal acontecimiento. De ahí que, sin pensarlo más, decidió cancelar toda actividad después de las siete de la tarde para poder salir a esa hora a más tardar.

Efectivamente, Julio no estaba equivocado en que lo que sucedería esa noche cambiaría para siempre su vida y la de Carolina; pero tengamos paciencia y dejemos que transcurra como es debido hasta la conclusión de la historia.

CAPÍTULO VIII
UN DESENLACE INESPERADO

El resto del día transcurrió sin mayores sobresaltos, con una Carolina recargada de energía con la noticia que había recibido. Bien que confiaba enteramente en lo que su amiga Xóchitl le había comentado sobre su embarazo, no pudo evitar el llegar a una farmacia para comprar una prueba rápida de diagnóstico con la que avaló lo que ya sabía. Indudablemente su amiga tenía un *don* maravilloso, así que agradecía a Dios y al Universo que la hubieran puesto en su camino. Lo que desconocía era que posiblemente, su amiga sería su compañera de senda por muchos años más.

Mientras tanto, en la oficina de Julio lo único constante además del trabajo era la presencia de ese olor fétido que aún permanecía en la oficina y que estaba generando muchas quejas hacia el departamento de mantenimiento; eso mantenía una tensión palpable en el ambiente. Está por demás aclarar que los especialistas habían realizado desde temprano algunas actividades buscando acabar con ese aroma; tal vez, si tuvieran desarrollado un sexto sentido, se hubieran percatado de que sus esfuerzos serían infructuosos en tanto que no se terminara con el *enlace energético* que ese *ente* tenía con su *portador*.

Fuera de esa situación, la jornada de Julio y Carolina no representó mayor problemática; mientras que él concluyó su jornada laboral y cerró sus archivos en la *laptop* de su oficina para emprender el regreso a casa, Carolina se aprestaba a meter la cena al horno calculando el tiempo que demoraría su esposo en llegar al departamento. Según sus estimaciones y considerando que la *hora pico* aún prevalecía en la zona de la ciudad de dónde provenía su marido, calculó que tardaría en llegar al departamento alrededor de cuarenta y cinco minutos a partir de que recibió el mensaje confirmando que acababa de salir de su trabajo; por lo que, de inmediato, comenzó a poner a punto el resto de los preparativos. Encendió algunas velas que fue colocando estratégicamente en la sala y sobre la mesa del comedor; colocó la loza que tenía preparada para ocasiones especiales y puso una botella de vino a enfriar, previendo que sería la última vez que probaría alcohol ahora que se sabía embarazada.

Eran casi las ocho de la noche cuando Julio arribó a su edificio sin poder ocultar el entusiasmo por lo que su esposa le iba a compartir. Durante todo el trayecto no dejó de pensar en las posibilidades, pero, se centraba exclusivamente en una: la de por fin ser padres. Así que, aprovechando la ocasión, compró un lindo ramo de rosas en uno de los cruceros de camino a casa. Sin perder más tiempo, acomodó su coche en el lugar de estacionamiento que le correspondía y corrió hacia el elevador con el ramo de flores en la mano pulsando con rapidez el número seis. En cuanto se abrieron las puertas que daban hacia el pasillo de su piso, apuró el paso como llevado por una energía fantástica y entró por fin a su hogar donde Carolina ya lo esperaba con todo listo. Lucía feliz y radiante, con una hermosa sonrisa que validaba el por qué la amaba tanto.

Julio quedó maravillado con esa estampa que mostraba al amor de su vida a toda plenitud y con esa sonrisa capaz de alumbrar a todo el edificio, algo que había estado ausente en los últimos tiempos. Sin perder más oportunidad, hincó su rodilla al suelo y de manera romántica le ofreció las rosas que le había comprado; esto provocó que una lágrima de alegría resbalara por la mejilla de su esposa. Ella aceptó gustosa y abrazó a su marido una vez que éste ya se había puesto de pie. No había duda que esos momentos demostraban que su amor era más importante que cualquier *vínculo siniestro*; y, aunque *eso* buscara impedir la completa felicidad por la que tanto había luchado, ella no estaba dispuesta a permitírselo.

Una vez culminado el romántico encuentro, Carolina invitó a Julio a la mesa para comenzar a cenar asegurándole que al finalizar los alimentos le compartiría las novedades de estos últimos dos días. A él no le quedó más remedio que aceptar la propuesta ya que la cena se veía suculenta y la atmósfera invitaba a tomar todo con tranquilidad. Sin más ni más, retiró la silla donde se sentaría su esposa acomodándola de nuevo una vez que ella se había sentado así como marca la regla de todo un caballero; posteriormente, pasó a ocupar su lugar en la mesa. Enseguida comenzaron a departir alimentos con una alegría jovial que hizo que ese primer tiempo de la velada fuera increíble.

Desafortunadamente, en muchas ocasiones las cosas no salen de acuerdo a los planes y la alegría se ve eclipsada por acontecimientos brutales que cambian la historia en un santiamén. Esta no fue la excepción, ya que cuando estaban a punto de concluir los alimentos y luego de casi terminar con la botella de vino, Carolina se percató de nuevo del aroma fétido que anteriormente ya había detectado; esto le dio la certeza de que el espectro estaba en ese momento presente. Lo que desconocía con exactitud es que si había estado desde el principio o apenas se estaba manifestando. Fue entonces que se decidió a tomar *cartas en el asunto*. De inmediato procedió a exponerle a su marido lo que había hablado con Xóchitl.

Tomando la mano de Julio, comenzó su relato partiendo de la preocupación que tenía desde la noche en que él tuvo su pesadilla. Mencionó también lo referente al fétido aroma que estaba presente cada vez que Julio se encontraba en su hogar, y cómo su amiga le había dejado en claro la relación de ese aroma con la presencia del *espectro* al que se le denominaba *kakasbal*; quien, al parecer tenía que ver con los desafortunados eventos que tuvieron tanto Miguel como Jorge. Cada palabra de su esposa era como un dardo que impactaba directamente en el rostro de él, lo que provocó que la alegría desbordada con la que terminaron la cena fuera desapareciendo, dando paso, no solamente a la sorpresa sino a la reflexión que se fue apoderando de su cara. Antes de terminar, Carolina le suplicó que la acompañara al día siguiente a ver a Xóchitl para que los ayudara a terminar de una vez por todas con ese *vínculo* que tanto daño estaba causando.

Julio dejó que su esposa terminara y en cuanto lo hizo, tomó la palabra diciendo:

—Amor, desde la noche de la pesadilla han sucedido cosas raras que no me había atrevido a mencionar, pero es hora de que comparta contigo todo eso —le respondió, y de inmediato procedió a ponerla al corriente de todo lo acontecido.

Le compartió lo que había soñado; su incidente con el conductor del auto deportivo rojo así como su trágico final; y agregó más detalles sobre lo ocurrido tanto a Miguel así como con Jorge; además de la presencia de ese aroma desagradable que lo acompañaba desde la pesadilla. Cabe señalar que a cada confesión de su marido, dentro de ella aumentaba no sólo la ansiedad sino el miedo de que algo así pudiera sucederles, lo que provocó que apretara con más fuerza la mano de su esposo. Él, al darse cuenta de esa reacción y totalmente convencido de lo que debía de hacer, le dijo con voz tranquilizadora:

—Vida mía, no tienes ya de qué preocuparte. Te pido que en este mismo momento llames a Xóchitl para que de ser posible, nos atienda hoy a la hora que crea conveniente; es necesario acabar de una vez por todas con esta pesadilla.

Esas palabras alumbraron de nuevo el rostro de Carolina, quien antes de levantarse de la silla para buscar su celular lo miró fijamente y con un brillo indescriptible en sus ojos le dijo:

—¡¡¡Vamos a ser papás!!!

Estas palabras provocaron que Julio se levantara de un salto de la silla y, dando un grito de felicidad, tomó a su esposa de la cintura y comenzó a bailar con ella. Qué mayor razón que esa para terminar con el *vínculo* que lo ataba a ese *ente*. Entonces, sin perder tiempo, le suplicó a su esposa que procediera de inmediato a realizar esa importante llamada.

Lo que sucedió a continuación ninguno de los dos lo esperaba; a tan sólo un par de metros de su esposo y mientras ella se dirigía a tomar su celular, una fuerza sobrenatural la tomó del cabello haciendo que su cuerpo se precipitara hacia atrás, cayendo abruptamente de espaldas. Carolina lanzó un grito de dolor mezclado con terror, el cual podría asegurar que se escuchó en todo el piso. Fue en ese instante en que su cuerpo comenzó a ser *atacado* por una fuerza invisible que la sacudía por completo y la desplazaba de un lugar a otro del área donde se encontraban. Julio miró con terror y como en *cámara lenta* lo que aconteció en segundos, por lo que, al ver a su esposa en el suelo y expuesta al ataque del *espectro*, intentó ayudarla por todos los medios. Sin embargo, cada vez que lo intentaba esa misma fuerza lo arrojaba hacia la pared. Agotado por el esfuerzo infructuoso que hacía, alzó la voz pidiendo clemencia a ese *espectro* que poco a poco se materializaba, dando lugar a una figura delgada y sombría igual a la que él había visto en su pesadilla así como en el asiento de atrás del auto rojo deportivo. Por el contrario, lo único que logró fue que ese *ente* emitiera con *voz gutural* la frase: *"¡NUNCA TE ABANDONARÉ!"*, al tiempo que fijaba su mirada en él.

Con esa frase de por medio, Julio tuvo en un segundo la certeza de lo que debía de hacer si quería que su esposa y su futuro bebé sobrevivieran. Por lo tanto, aprovechando el preciso momento en que la figura fantasmal giraba su *cara para verlo*, -dejando al mismo tiempo de atacar a Carolina-, él gritó a todo pulmón dirigiéndose a su esposa quien permanecía tirada en el suelo…

—¡TE AMARÉ SIEMPRE Y POR TODA LA ETERNIDAD! ¡CUIDA DE NUESTRO BEBÉ! —y, sin dar tiempo a reacción alguna, se lanzó rumbo al balcón desapareciendo de inmediato. En ese momento, el *espectro* emitió un sonido espeluznante parecido a un grito de dolor y desapareció detrás de él.

Carolina por más intentos que hizo, no pudo incorporarse del dolor y permaneció en el suelo ahogada en un amargo llanto hasta que fue auxiliada por algunos vecinos, quienes, al escuchar los gritos y golpes, acudieron a ayudarle de inmediato ante el temor de que ocurriera una desgracia; había sido necesario forzar la puerta de entrada hasta que consiguieron abrirla. Una vez a su lado, la ayudaron a levantarse al tiempo que sus rostros denotaban sorpresa; no podían entender cómo una persona tan correcta como su vecino tuviera un arranque de ira y violencia contra su esposa, terminando por saltar de su propio balcón. Lo que los vecinos desconocían era que Julio se había convertido en héroe y mártir para salvar a su familia; lo cual sería recordado por siempre, pero sólo entre las personas más allegadas y que estuvieron relacionadas con los eventos.

Ya incorporada y recuperada un poco de la agresión aunque visiblemente dolorida, Carolina se encaminó rumbo al balcón de su departamento con las lágrimas brotando a raudales de sus ojos; desde ahí pudo observar el cuerpo de su amado esposo que permanecía inerte en la acera de la calle, mientras las personas curiosas se agolpaban alrededor de él. Esta escena provocó que se desvaneciera por el shock tan fuerte, perdiendo el conocimiento por completo.

En pocos minutos arribaron al domicilio los cuerpos de auxilio y una patrulla de la policía; los primeros se prestaron a reanimar a Carolina mientras que los segundos acordonaron el área de la calle donde había quedado el cuerpo sin vida, al tiempo que esperaban la llegada del detective en turno que debía comenzar con las investigaciones correspondientes. En casos como éste, era muy importante deslindar responsabilidades, sobre todo, ante la sospecha de violencia doméstica; no sería la primera vez en que una mujer agredida optara por terminar de una vez por todas con esa situación tomando medidas extremas. Aunque sabemos que esta no era la ocasión, para el mundo humano no existen fuerzas sobrenaturales que puedan participar en acontecimientos trágicos como éste; por ende tendría que seguirse el protocolo de rutina para descartar un posible homicidio.

Al cabo de un rato, un automóvil sin insignias de la policía, pero con una torreta encendida aparcó a unos metros del área acordonada y de él descendió una figura por demás familiar; se trataba de la detective Isabel

Medrano, quien había sido asignada el caso por vivir cerca de la zona. No cabe duda de que el *destino* en muchas ocasiones conspira a nuestro favor. Ésta encaminó sus pasos hacia el cadáver y fue en ese momento en que de nuevo sintió esa punzada en el corazón al igual que cuando acudió al *accidente* del auto rojo deportivo; esto la contrarió sobremanera, pero tuvo la certeza de que algo sobrenatural seguía estando presente y que muy posiblemente estaría vinculado con lo sucedido. Por lo que sin perder más tiempo, se acercó al cuerpo para hacer la revisión de rutina sorprendiéndose por la mirada tan apacible que tenía el cuerpo de Julio; esto le generó más interrogantes ya que no era común ver en un caso como éste esa *mirada* tan pacífica, como si se tratara de la satisfacción por el deber cumplido. Esto la llenó de un sentimiento de ternura que nunca antes había tenido y provocó que con mayor ahínco se concentrara en descubrir las verdaderas causas de esta desgracia.

Enseguida subió al sexto piso donde encontró a una Carolina devastada física y emocionalmente, pero misteriosamente tranquila; se presentó con ella y a continuación tomó nota de lo ocurrido mientras daba instrucciones a sus compañeros legistas sobre la recopilación de pruebas. Si bien sabía que tenía que seguir el protocolo, su *sexto sentido* le indicaba que en ese lugar había sucedido algo que la mente humana promedio no podría entender; recordemos que ella aún tenía vestigios *del soplo* y no había duda de que a partir de ese momento los comenzaría a utilizar cuando fuese necesario. Fue por esta razón que le solicitó a Carolina que la acompañara a una de las habitaciones para hablar en privado, dándole su absoluta confianza para que le compartiera todo con lujo de detalles.

Esa actitud tan protectora sorprendió sobremanera a nuestra protagonista y máxime cuando todo lo ocurrido apuntaba a una posible venganza de parte suya hacia su difunto esposo. Sin embargo, eso no la detuvo y aceptando la invitación de Isabel entraron en la habitación principal cerrando la puerta tras de sí. Carolina le compartió con lujo de detalles todo lo ocurrido desde la madrugada del lunes así como los *accidentes* en que se había visto envuelto su esposo. Lo que más sorprendió a la detective fue lo relacionado con el accidente del auto deportivo rojo que terminó con la vida de Óscar. También escuchó con mucha atención lo de la cita que tuvo con Xóchitl, a quien la detective decidió que visitará a la brevedad para constatar su testimonio; sin embargo, eso lo haría de manera personal y fuera de la investigación para no entorpecer el proceso. Lo que ambas desconocían era que este trágico evento podría marcar el inicio de muchos *casos especiales* donde la detective Medrano sería parte fundamental; pero sólo tú podrás decidir si te gustaría que este fuera el comienzo de nuevas historias.

Luego de algunas semanas de espera, las investigaciones determinaron que Carolina no había tenido nada que ver con la muerte de su esposo. Las pruebas arrojaron que él había tenido un ataque de locura causadas por tanto estrés en el ámbito laboral, lo que provocó la agresión hacia su esposa y su consecuente suicidio; tal vez por verse atormentado después de semejante agresión. Esa fue la versión oficial y, aunque su esposa no estaba de acuerdo, la detective Medrano le sugirió que aceptara el resultado para no complicar más el caso. Lo importante en ese momento era cuidar de ella y de su bebé que venía en camino. Por lo que la verdad quedó oculta para quienes no entendían la relación con el mundo etéreo mientras que para los que conocieron la verdadera historia, Julio fue un héroe que sacrificó su propia vida para proteger a su familia que tanto amaba.

Los meses pasaron y el tiempo ayudó para sanar las heridas físicas y emocionales de Carolina, quien, siguiendo los consejos de sus amigos y familiares optó por mudarse a otro departamento para poder recibir a su bebé en un lugar que no guardara la energía negativa que había provocado tantas desgracias en su vida. Fue en este apacible lugar donde comenzó la historia del pequeño Julio, llamado así en honor a su padre; el cual fue muy bendecido por todos aquellos que no sólo querían a su madre sino que respetaban el ejemplo y legado que su padre había dejado. Ese bebé nació con una luz muy especial y parecía como si su comprensión del mundo fuera diferente, tal vez porque ya había vivido muchas vidas anteriormente, de acuerdo a lo dicho por *la tía* Xóchitl. Eso significaba que su llegada al mundo traería consigo muchas cosas poco antes vistas; sólo era cuestión de encaminarlo por el camino de la luz para que esas cosas fueran para bien.

Fue así que una noche en que recibieron la visita de su ahora *tía* Isabel, —quién había entablado una verdadera amistad con Carolina comprometiéndose a cuidarla tanto a ella como a su bebé, cada vez que fuera necesario—, sucedió lo impensable. Ambas mujeres estaban conversando de forma amena aprovechando que el pequeño Julio se había quedado dormido, cuando de pronto se escuchó un ruido extraño en la recámara que fue acompañado del llanto del bebé dando la impresión de que algo lo había asustado.

De inmediato se dirigieron hacia donde éste dormía y fue en ese momento en que una punzada en el corazón de Isabel la puso en alerta; era ese mismo dolor que había aparecido algunos meses atrás y que había traído consigo tantas desgracias a ésta y otras familias.

Al acercarse a la puerta escucharon un raro sonido que asemejaba a un arrullo y al abrirla descubrieron algo que las llenó de sorpresa y terror. Ahí en la penumbra y con la luz tenue de la luna estaba una delgada y oscura forma femenina que extendía algo parecido a una alargada mano sobre la cuna del pequeño Julio, meciéndolo al compás de un *gutural arrullo* mientras que un fétido olor a tristeza y desesperanza inundaba el espacio.

Fin

EPÍLOGO

¿Cierre inesperado? Estoy seguro de que te has quedado con más dudas que nunca de lo que ocurrirá después, al igual que yo. Lo que sí te puedo adelantar es que éste último evento sólo servirá para seguir contando nuevas, terroríficas y emocionantes aventuras de este grupo tan *sui generis*. La pregunta obligada es: ¿te atreverás a leerlas?

No adelantemos vísperas y dejemos que el destino vaya escribiendo las siguientes páginas de este inusual grupo. Mientras tanto, te agradezco que me compartas a través de Facebook (Carlos Alonso Storyteller), de mi página de autor en Amazon.com (Carlos Alonso) o en Wattpad (@Carlos_Alonso_Mexico), tus comentarios sobre ésta primera novela, así como también lo que esperarías en las siguientes entregas.

Que el Universo te llene de luz y te mantenga alejado de toda oscuridad que acecha ahí fuera… Porque recuerda que cuando la piel se eriza, es la alarma inequívoca de que algo sobrenatural, y no necesariamente oscuro, está cerca de ti.

Con cariño,

Carlos Alonso

www.ingramcontent.com/pod-product-compliance
Lightning Source LLC
Chambersburg PA
CBHW060319050426
42449CB00011B/2563